中公クラシックス E16

墨　子

金谷　治訳

中央公論新社

目次

墨家の思想と論理

末永高康

一　論理に殉ずる者たち

墨家の集団自決

紀元前三八一年のことである。当時、墨家《ぼくか》集団の鉅子《きょし》（首領）であった孟勝《もうしょう》が、その弟子百八十人とともに集団自決する事件が起こっている。

孟勝は楚《そ》の一族である陽城君《ようじょうくん》と親しく、その城を守る約束をしていた。陽城君は、楚の悼王《とうおう》没後の騒乱に加担したかどで糾弾《きゅうだん》されると、自らは逃亡してしまう。城に残された孟勝たち。楚の大軍に囲まれ、もはや城を守り通せなくなった時、孟勝は言う。

「城を守る約束を交わしながら、約束を果たすことができない。われわれに残された道はもはや死だけだ」

これを聞いた弟子の徐弱《じょじゃく》が進言する。

「死んで陽城君のためになるのであれば、ここで死ぬのもよろしい。が、陽城君のためにもならないのに、ここで死んで墨者《ぼくしゃ》の伝統を絶やしてしまうのは、なりませぬ」

だが孟勝は聞き入れない。

「城を守る約束も果たさずに、投降して生き延びるようでは、今後はだれも墨者を信頼しなくなる。ここで死ぬのは墨者の道を守るためだ。鉅子の座は宋《そう》の田襄子《でんじょうし》に譲ると伝えよ」

徐弱は「ならば私から」とその場で自ら首を切り落とし、孟勝は田襄子への使者二人を送ると、弟子百八十人とともに自決する。宋にたどり着いた使者もまた新たな鉅子田襄子の制止を振り切って孟勝の後を追うのである。

『呂氏春秋《りょししゅんじゅう》』上徳《じょうとく》篇に残されたこのエピソードがどこまで史実をそのままに伝えているかはわからない。ただ、多少の修飾はあるにせよ、この話の核となる事件は実際にあったであろうし、鉅子の命《めい》であれば死をも辞さないような集団として、当時の人々が墨家集団をとらえていたのは確かである。

このショッキングな事件は墨家集団の持つカルト的な側面をあぶり出している。だが、彼らは決して狂信的な集団ではない。確かに彼らは自らの信ずる主義主張に忠実であろうとしているものの、それを妄信《もうしん》としてではなくあくまで論理を通じて導き出しているからである。

非攻を導く論理

たとえば彼らが「非攻《ひこう》」(侵略戦争の否定)を導き出す論理はこうだ。

「ある人が他人の果樹園に入って桃や李《すもも》を盗んだとしよう。人々はこれを非難するであろうが、なぜか」「他人の利を欠いて自分の利とするからだ」

「次にある人が他人の家畜を盗んだとしよう。人々は桃や李を盗んだ場合以上にこれを非難するであろうが、なぜか」「他人の利を欠いて自分の利とする度合いがより甚だしいからだ」

「次にある人が罪のない人を殺してその人のものを奪ったとしよう。人々は家畜を盗んだ場合以上にこれを非難するであろうが、なぜか」「他人の利を欠いて自分の利とする度合いがより一層甚だしいからだ」

「してみると、他人の利を欠いて自分の利とするのが不正義なのであり、その利を奪う度合いが甚だしいほどより不正義となるのであって、人々からの非難をより受けることになるのだ。ならば、他国を侵略して多くの人々を殺し、その土地や財物を奪うのは正義と言えるか」

素朴な論理である。だが、素朴で単純な論理であるが故に、何人も否定できないような力強さがある。問題は、この論理に従って行動できるかである。

兼愛を導く論理

もう一つ例を挙げよう。彼らが「兼愛《けんあい》」を導く論理である。

「病気の治療に際してまずは病の原因を知る必要があるのと同様、天下を治めるに際しては乱がどこから生じてくるのかをまずは見極めなければならない」

「さて子が父を大切にしない（＝不孝である）のはひとつの乱である。子が自分ばかりを愛して父を愛さず、父の利を欠いて自分の利としようとするからこの乱が生ずるのだ。父が子を慈しまない、兄弟が互いを大切にしない、君臣が互いを大切にしないというのも同様である」

「次に盗賊が他人のものを奪うというのもひとつの乱である。盗賊が自分ばかりを愛して他人を愛さず、他人の利を欠いて自分の利としようとするからこの乱が生ずるのだ」

「次に諸侯が互いに侵略戦争を行うというのもひとつの乱である。諸侯が自分の国ばかりを愛して他人の国を愛さず、他国の利を欠いて自国の利としようとするからこの乱が生ずるのだ」

「してみると天下の乱とはすべて、自分ばかりを愛して他人を愛さず、他人の利を欠いて自分の利とすることから生じるのだ。ならば、天下のすべての人々に、自分を愛するように他人を愛し、自分を利するように他人を利するようにさせたならば、天下の乱はすべて解消されるはずである。よって、この兼愛こそが天下を治める道だ」

論理的には確かにそうであろう。が、われわれはそう簡単に他人を愛することはできないと考える。だが墨家は違う。論理が導く以上、その論理に従うべきだと考えて自ら行動し、その論理に従わない人々を説得するさらなる論理を組み上げていくのである。その思想活動の集積が書物としての『墨子《ぼくし》』である。

二 『墨子』の構成

墨家の十大スローガン

現在われわれが見ることのできる『墨子』は、比較的整然とした構成をしていて、だいたい前から順に次の六類から成っている。

Ⅰ 墨家に関する断片的資料（第一篇〜第七篇）
Ⅱ 十論――墨家の十大スローガン（第八篇〜第三十七篇）
Ⅲ 儒家《じゅか》非難（第三十八篇、第三十九篇）
Ⅳ 墨弁《ぼくべん》――墨家の論理学（第四十篇〜第四十五篇）
Ⅴ 墨子の言行録・墨家の逸事事跡集（第四十六篇〜第五十篇）
Ⅵ 守城法（第五十二篇〜第七十一篇）

なかでも中心となるのがⅡの「十論」と呼ばれる部分で、次の十種のスローガンが唱えられている。

尚賢《しょうけん》——身分にとらわれず賢者を登用すべきこと
尚同《しょうどう》——上位者が「義」（正しい）とするものに従うべきこと
兼愛——自己と同じように他者を愛すべきこと
非攻——侵略戦争を行ってはならぬこと
節用《せつよう》——無用な出費を省くべきこと
節葬《せっそう》——葬喪《そうそう》を簡素にすべきこと
天志《てんし》——兼愛が天の求めるものであること
明鬼《めいき》——鬼神《きしん》が信賞必罰を行うものであること
非楽《ひがく》——支配階級が音楽に耽《ふけ》ってはならないこと
非命《ひめい》——必然的な運命など存在しないこと

十論の構成

面白いのは、各スローガンが上中下の三篇に分かれて記されていることで、これは上中下と一つながりのものではなく、それぞれが独立した一篇となっている。そこで本書では紙幅の関係から、いずれか一篇のみを訳出しているのであるが、同じスローガンの上中下の三篇を読み比べてみると論述や論証のしかたに変化のあることが見て取れる。

そもそも文字数からして大きく違っていて、兼愛篇を例にとれば、上篇は五百六十字程度の短編であるのに対し、中篇では倍以上の千三百字程になっており、下篇はさらにその倍の二千七百字強に膨れ上がっている。上→中→下の順に見た場合、先行する篇に見える内容は、基本的に後行の篇にも見えており、その論述がより詳細になっていく。のみならず、先行する篇には見えなかった内容が、後行の篇では付け加えられていくのである。

たとえば兼愛上篇では、天下を治める聖人は乱の起こる原因を知らなければならないとして、その原因を人々が「相愛《あい》さざる」ことにあるのを明らかにし、人々すべてが互いに愛する「兼ねて相愛する」状態が実現されれば天下が治まることを導いている。上篇の内容がほぼこれに尽きるのに対して、中篇では「兼ねて相愛する」状態が実現されないのは、上に立つものがそれを率先して行わないからだと説き、上の者が好むものを下の者も好む例を歴史上に求める部分や、この状態が古《いにしえ》の聖王によって実現されていたことを論ずる部分が付け加わってくる。

下篇ではさらに「兼ねて相愛する」状態が「兼」、その反対の状態が「別」と術語化され、両者を対比させつつ前者の利点が論証されていくようになる。このことは兼愛篇が上→中→下の順に成立したこと、墨家の論証方式が時代を下るにしたがってより精密化されていったことを示していよう。

『墨子』の最古層

このようにして十論各篇の論述や論証方式を比較することによって、その相対的な成立のおおよその先後を知ることができる。このような検討の結果として、十論の内で最も古くに成立したと考えられるのが兼愛上篇と非攻上篇の二篇である。

ただしこのことは、この二篇が墨家の始祖である墨翟《ぼくてき》の手になるものであることを意味しない。兼愛上篇でも末尾に「子墨子曰《しぼくしいわ》く」と墨翟の言葉が引用されており、この篇の作者が墨翟の後学であることを示している(「子墨子」という表現については本書一〇頁の注を参照)。非攻上篇には墨翟の言葉の引用は見えていないが、この篇もまた後学の手になるものであろう。墨翟自身は自ら文章を残していないようなのである。

三　墨家の思考と思想

墨翟その人

ここでこの墨家の始祖について説明を加えなければならないのであるが、実は墨翟その人について詳しいことはよくわからない。『史記《しき》』の伝記でも「蓋《けだ》し墨翟、宋の大夫《たいふ》なり。守禦《しゅぎょ》を善《よ》くし、節用を為《な》す。或《あるい》は曰く、孔子《こうし》の時に並ぶ。或は曰く、其《そ》の後に在り」と言われているだけである。

ここで司馬遷《しばせん》は墨翟を孔子と同時代かその後の人としているが、『論語《ろんご》』にその名が現れないことよりすれば、孔子の死（前四七九年）より後に活躍した人物と考えてよいであろう。貴義篇《きぎ》には墨子が晩年の楚の献恵《けんけい》王に面会しようとしたという記事が見えていて（本書一九二頁）、かりにこの記事を信頼して、かつ「献恵王」を「恵王」（前四三二年没）と同一視するならば、墨翟は紀元前五世紀の後半頃に活躍していたことになる。冒頭に示したように前三八一年には鉅子の座はすでに孟勝に移っているから、前四世紀初頭以前に亡くなっているのは確かであろう。

出身や身分についても『史記』は「宋の大夫」としているが、魯《ろ》や楚の出身であるする説や、武士や工人であるとする説もあってはっきりしない。ただ墨家集団が守城に長け、『墨子』にも守城法に関する技術的な議論が残されていることよりすれば、墨翟もまた何らかの技術者であった可能性が高いであろう。『墨子』の文章が全体として理屈っぽくて文学的な香りに乏しいのも、あるいはこのことと関係するのかも知れない。

墨翟自身の思想についてもはっきりしたことは分からない。魯問《ろもん》篇（本書二〇五頁）には、墨子が十論全体に言及する話が残されているが、後代の加筆である可能性も高く、墨翟自身がすでに十のスローガンすべてを唱えていたかどうか疑問である。ただ、十論へと展開していく核は墨翟自身の思想の内に胚胎《はいたい》していたものと思われる。十論の最古層に属する兼愛、非攻の上篇には墨翟の思想や考え方の特徴が多く反映されているものと見てよいが、両篇の思想は他の十論へとつながっていく要素を持っているからである。

「正しい」行為とは

兼愛、非攻の上篇では「人を虧《か》きて自ら利する」に類する表現が何度も繰り返されている。もちろんこれは正しくない行為とされているわけであるが、ここから両篇が行為の当否を考えるに際して、主として行為を受ける側の利不利に注目していることがわかる。行為を受ける側が利を受ける行為が正しい行為であり、不利を被る行為が正しくない行為である。

ここで語られる利が、一方がそれを得れば他方がそれを失うようなゼロサムの利としてイメージされていることにも注意したい。自らを利するためには、人の利を欠かねばならず、人の利を欠いてしまうから、自らを利する行為は正しくないのである。

儒家の議論にも「義利《ぎり》の弁」というのがあって利を目当てにした行為が戒められるが、この場合には主として行為を行う側に注目して、その心情や動機に利が入り込むことを禁じている。

一方、兼愛、非攻の上篇では、行為を行う側の心情や動機にはほとんど関心がない。そもそも

「わが身を愛するのと同じように他人を愛せ」（兼愛上篇）という要請が成り立つためには、わが身を愛する心情や、わが身を利せんとする動機の存在がまずは前提とされなければならないが、そのような心情や動機を不純なものとする考え方は両篇にはない。あくまで行為を受ける側の利不利にのみ注目してその行為を評価するのである。

兼愛の愛

したがって「他人を愛せ」とは言われても、これが「愛したい」という心情や「愛するべきである」という信条に基づいて行われることまでは求めない。そもそも兼愛の主張からして「天下の乱」を解消して天下を治に導くための手段に過ぎないのである。「人を虧きて自ら利する」行為を乱の源泉と見なし、これを「人を愛すること其の身を愛するが若《ごと》くならしむ」ことによって塞ぎとめようとするだけで、「愛する」とは言っても、「利を損なわない」か、せいぜい「利を与える」と同義であって、それほど精神的な高みにあるものが求められているわけではない。

小篆の「兼」字

しかもこれは天下を治に導くための手段であるから、一部の人々が自発的に他者を愛してもあまり意味がないのであって、「天下を治むるを以《もっ》て事と為す」聖人が「天下（の人々）をして兼ねて」行わせてはじめて十分な効果の期待できるものである。「兼」字はもともと二本の「禾《いね》」（）を片手（）で束ねつかむ

様子をあらわした文字であるが、天下を治める者がひとびとを束ねて「相愛《そうあい》」（他人を相愛《あい》すること）に向かわせるのが「兼愛」なのである。よって場合によっては天下を治める者が賞罰などを用いて強制的に人々に「相愛」を行わせてもよいのであり、実際、兼愛下篇にはこのような主張が現れてくる。兼愛は個々人が信条として隣人を愛するような「博愛」とは全く性格を異にするのである。

天下の利

ところで、この兼愛によって天下を治める聖人は、誰の「利」のためにこれを人々に求め行うのであろうか。「人を愛する」ことはむしろ自らの利を損なうことにつながるから、「相愛」を求められた個人にとって、それがただちに自分の利になるとは言い難い。しかし、兼愛によって実現される治は、誰にとっても「利」となるものであろう。この「利」のために、個々人の間でやりとりされる利が制限されるのである。

この「利」は兼愛、非攻の上篇では陰伏《いんぷく》的な形で前提とされているに過ぎないが、後に成立した諸篇ではこれが「天下の利」として明確にされ、以後の墨家はこの「天下の利」を基準にしてものごとの当否を考えるようになる。「天下の利を興し、天下の害を除く」は十論で繰り返されるフレーズであるが（本書六七、一一二、一一五、一一九頁）、この「天下の利」をもたらすものが正しいものとされるのである。身分にかかわらず賢者を登用せよという「尚賢」の主張は当時としては革新的なものであったと思われるが、これがこの意味で正しいものとされるのはわれわれにも理解しやすいであろう。

尚同と天志

さて、儒家との対比で十論を見る時に興味深いのは、ここに「性」についての議論があらわれないことである。性善説、性悪説という時の「性」である。これも、行為を受ける側に注目してことの当否を考える兼愛、非攻の上篇の発想法と無縁ではないであろう。

儒家のように、行為を行う側に注目してことの当否を考えると、どうしても行為者の心情の純粋さや動機の正しさにその行動の正しさを求める方向に傾くことになる。ここで純粋な心情から発した「正しい」行為を、人がもともと備えている「性」から発したものと解するならば、これは性善説へと向かうことになる。そこで孟子《もうし》などは「性」の純粋なる発露に正しさの基準を求めるのである。これが正しさの基準となり得るのは、同じ「性」が人々に与えられていることが前提とされるからである。人々に共通に与えられた「性」を梃子《てこ》にして、人にとっての「正しさ」を導き出すのである。

それに対して、墨家は行為を受ける側の利不利にのみ注目していて、行為者の内なる「性」などにはほとんど関心を寄せない。人々に共通に与えられた「性」を前提とせずに、人々に共有されるべき「義」(正しさ)を定めようとするのである。その「義」が共有されるためのシステムが、上位者が「義」とするものを「義」とせよという「尚同」の主張である。

人々のとなえる「義」が十人十色で一致しないことが天下の混乱を導くと考えるからこのような主張がなされるのであるが、これが単なる上位者の強権と異なるのは、背後に尚賢の主張があるからである。「天下の利」をもたらす正しい道を知っている賢者が人々の上に立ち、その賢者のかかげる「義」のみを「義」とせよとするのである。この賢者のトップに立つのが天子であり、人間の世界において最もすぐれた人がこの座に就くのであるが、尚同の主張においては、天子よりもよりすぐれた存在としてその上に「天」が置かれている。最もすぐれた存在である天が定めた「義」であるから、それを唯一の「義」とせよ、という論理である。

もちろん墨家がこれを語っているわけであるから、この「義」には墨家が正しいとする兼愛や非攻がそれに当てられることになる。そこで兼愛や非攻が天の意に沿うものであることを示すのが「天志」の主張である。

明鬼と非命

この天は祭祀《さいし》の対象であり、人の行為に応じて禍福を降《くだ》す存在である。その意味で宗教的な神格にあたる。ただ、墨家の語る天であるから、非常に論理的な存在となっている。天はあくまでも「天下の利」をこの世に実現しようとする存在であり、それに協力する者には福を与え、協力しない者には禍を降すものとして描かれている。

この性格は天と人との中間にあって、天と同じく祭祀の対象であり人に禍福を降すと当時の人々に考えられていた「鬼神」にも与えられている。この鬼神の存在を論証し、鬼神が「賢を賞して暴を罰する」ものであることを人々が信じて行動することが天下を治に導く道であるとするのが「明鬼」の主張である。

このような信賞必罰の天や鬼神に囲まれた世界では、吉凶もまた自らの行為の当否がまねいたものに過ぎず、あらかじめ定められた吉凶の運命などはないことになる。そこで運命の存在を否定し、かつ運命の存在を語ることが人々を怠惰にさせ天下を混乱に導くとしてそれを非難するのが「非命」の主張である。

この非命篇や明鬼篇の論証には、鬼神の存在を信じ運命の存在を信じない方が「天下の利」に適っている、だから鬼神は存在し運命は存在しないのだ、といった趣きがあって、必ずしもわれわれを十分に説得するものとはなっていないが、墨家としては論理として鬼神は存在しなければならず、論理として運命は存在してはならなかったのである。

曾侯乙墓から出土した編鐘（シーピーシー・フォト提供）

節用の論

残る十論は「節用」「節葬」「非楽」であるが、後二者は前一者の系に過ぎない。古代の王侯貴族の墓がいかに贅《ぜい》を尽くしたものであるのかは周知のことであろうし、当時の音楽は今で言えばオーケストラを自前で抱えるようなものであるから非常に贅沢なものであった。支配者層に向けて、そのような贅沢をやめて無用な出費を省けというのが「節用」の主張である。

ここでも人間の「性」は無視されている。人が持つさまざまな傾向性、欲求や欲望とはほとんど関係無しに「天下の利」との関係であるべき「飲食の法」「衣食の法」「宮室の法」「節葬の法」などが定められていく。

ここでイメージされているのも兼愛、非攻上に見えていたのと同じゼロサムの利で、上の者が多くの利を得ようとすればするだけ、下の者の利をそれだけ多く損なわなければならないから、下の者の利を奪わないように支配者層の利を抑えこもうとするのである。これは当時においては革新的な主張であったと思われるが、ここには社会全体の生産性を高めていくことで上の者も下の者もともに豊かになっていくという発想が欠如していて、後に荀子《じゅんし》がこの点から批判を加えている（『荀子』富国篇）。

これら十論のどこまでを墨翟自身が語っていたのかはわからないものの、兼愛、非攻の上篇に示された思考の方向がこれらの論を導いているのはここに明らかであろう。十論各篇の比較研究からは明鬼篇あたりが最も遅く成立したと考えられているが、この墨家の明鬼論をふまえて書かれたと考えられる戦国時代の文献が近年発見されている。竹簡《ちくかん》上に記された写本で、整理者によって『鬼神之明』と名付けられ、現在、上海博物館に所蔵されている。この文献は紀元前三世紀の前半頃に書写されたと考えられているから、前三世紀初頭頃までには十論全体が出そろっていたと考えてよいであろう。

『鬼神之明』冒頭部。「今夫禝（鬼）神又（有）所明又（有）所不明」（今夫《か》の鬼神に明なる所あり、明ならざる所あり）

四　論理と信仰と

墨弁の「経」と「経説」

さて、自ら論理に従い、人を論理によって説得しようとした墨家はその論理学を独自に発展させている。その成果を伝えるのがⅣの「墨弁」と呼ばれる部分である。ただ、テキストの乱れもあって現在でもよく理解できない箇所が多い。

この部分に限らず『墨子』のテキストには錯簡《さっかん》や誤字脱字が多いが、これは漢代に入って墨家の伝承が途絶えた後、ほとんどこの書が読み継がれてこなかったからである。これがどのくらい読み継がれてこなかったかは、墨弁の核をなす「経《けい》」「経説《けいせつ》」の構成からも見て取れる。

「経」は短い命題の集積で、その命題のひとつひとつに解説を加えたのが「経説」であるが、不思議なことに「経説」の方は「経」の命題をひとつ置きに解説していて、その形で最後まで解説を加えたあと、また前に戻って先に飛ばした命題に解説を加えるという形を取っている。これは「経」が本来、二段組みに書かれていて上段全体を読み終えたあと下段へと進む読み方であったものが、それを知らない筆写者が各行を上段下段に読んでいくという通常の読み方に従って写してしまったことを示している。このことが明確にされたのも清代に入ってこの書がようやく本格

墨子卷之十
兵部侍郎兼都察院右副都御史巡撫陝西等處地方贊理軍務兼理糧餉 欽賜一品頂帶畢沅校注
經上第四十 此翟自著故號曰經中亦無子墨子曰云云按宋潛谿云上卷七篇號曰經中卷下卷六篇號曰論上卷七篇則自親士至三辯 不在其數然本書固稱經詞亦最古豈後人移其篇第與唐宋傳注亦無引此故譌錯獨多不可句讀也
故所得而後成也 說文云故使爲之也或與固同事之固然言已得成也 止以久也 以同已 體分於兼也 孟子云有聖人之一
體 必不已也 言事必行 知材也 言材知 平同高也 言上平 慮求也 謀慮有求 同長以缶 缶即正字盧云正古文正亦作
缶沅按唐大周石刻投心缶覺如此 相盡也 知接也 知以接物 中同長也 中孔四量如一 恕明也 推已及人故曰明 厚有所大
也 仁體愛也 日中 句 缶南也 義利也 易曰利者義之和 直參也 說文云直正見也論語子曰立則見其參于前 禮敬也
圜一中同長也 一中言孔也量之四面同長 行爲也 方柱隅四讙也 讙疑維字 實榮也 實至則名榮 倍爲二也
倍之是爲二 忠以爲利而强低也 言以利人爲志而能自下 端體之無序而最前者也 序言次序說文云耑物初生之題也
孝利親也 有閒中也 閒隙是二者之中 信言合於意也 閒不及旁也 言閒僳 佴自作也 說文云佴佽也此云
自作未詳也 纑閒虛也 盧云纑猶謂字書無墳壚之壚謂此字 作嗛也 盈莫不有也 廉作非也 廉察之廉作與狙聲近言狙伺
堅白不相外也 令不爲所作也 言使人爲之不自作 攖相得也 玉篇云攖結也 任士損已而益所爲也 任謂
俠說文云甹俠也三輔謂輕財者爲甹甹與任同 似有以相攖有不相攖也 勇志之所以敢也 敢決 次無閒而不
經訓堂叢書 墨子十 一

経訓堂叢書本『墨子注』

的に校訂されてからのことである（畢沅《ひつげん》『墨子注』一七八三年刊）。この「経」「経説」の具体的な内容については本書の訳注に譲ろう。

形式論理学の探求

この墨弁に含まれる小取篇《しょうしゅ》を見ると、彼らが漢語による形式論理学を打ち立てようとして苦闘しているさまがうかがわれる。訓読や訳ではその対立がぼやけてしまうのであるが、この篇の四と五では、

⑴A、B也。ΦA、 ΦB也。

⑵A、B也。ΦA、非ΦB也。

の二つの形の命題が対比されている。⑴として、Aに「奴隷」、Bに「人」、Φに「愛（愛する）」を入れて、「奴隷は人であり、奴隷を愛することは人を愛することだ」の例などが、⑵としてAに「弟《てい》」、Bに「美人」、Φに「愛（愛する）」を入れて、「（自分の）弟は美人であるが、弟を愛することは美人を愛することではない」の例などがあげられている。A、B、Φに何を代入するかによって命題のタイプが分かれてしまうのである。

小取篇では特に⑵の形を取り上げてAに「盗人」、Bに「人」を入れて、Φに「多」「無」「欲多（多きを欲する）」「欲無（無きを欲する）」等を代入しながら最終的にΦに「殺（殺す）」を代入した「盗人は人であるが、盗人を殺すことは人を殺すことではない」を正しい命題として導いてしまっている。

彼らの推論の誤りをわれわれの言語、われわれの論理によって指摘するのはたやすいが、漢語しか知らない者が漢語の内部においてこの誤りに気付くのは難しい。小取篇もこの二つの形の命題があることの指摘に止《とど》まっていて、両者に分岐する理由までは明らかにし得ていない。この理由を明らかにする方向で彼らが思索を深めていけば、あるいはわれわれには思いもよらないような論理学の展開があり得たかも知れないと思うと、墨家の伝統が途絶えてしまったことが惜しまれる。

人に認められなくとも

Vの部分は儒家で言えば『論語』に相当するが、ここでもあくまで理詰めで論敵を論駁《ろんばく》し、弟子を説得する墨子の姿が描かれている。ここに記された対話がどこまで墨翟その人の姿を正確に伝えているかわからないものの、墨家集団における墨翟像を知るうえで貴重な資料である。

なかでも印象深いのがこの部分の最後の公輸《こうしゅ》篇で、楚のために雲梯《うんてい》という城攻めの機械を作って宋を攻めようとする公輸盤《こうしゅばん》に対して、斉《せい》から駆け付けた墨翟が楚王の前で論戦し、模型を使った模擬対戦で公輸盤の攻撃をことごとく退けて、宋への攻撃を思いとどまらせたというエピソードが、『墨子』にしては珍しく躍動感ある筆致で綴《つづ》られている。

面白いのはその末尾に、楚からの帰途、宋を通り過ぎた時、雨宿りをしようとした墨翟が門番から追い出されてしまう話が付け加えられていることである。宋の国を守るためにはたらいた墨翟は、そのはたらきを知られることなく宋の人に冷たくあしらわれてしまう。

おそらく墨翟以後の墨家の人々もまた同じような目に何度も遭っているのであろう。兼愛、非攻の説をかかげ、他者に利を与えることを第一に考えて行動し、城を守ることを請け負えば、自らの死をかけてでも守り抜く。にもかかわらずそのはたらきが人の認めるところとはならない。

それでも彼らが墨者の道を捨てなかったのは、やはり信賞必罰の天や鬼神への信頼というか信仰があったからであろう。区々たる人から認められなくても、あのすぐれた存在である天や鬼神はわかってくれているはずだ、なぜならわれわれは天や鬼神が是《ぜ》とすることを行っているのであり、それが天や鬼神の是とするものであることは論理によってすでに論証ずみだからだ。門番に冷たく追い出される墨翟の姿を書き添えた者の思いはむしろこのようなものだったのではなかろうか。

『墨子』の残る部分について、ここでくだくだしく解説を加えることはしない。Ⅰの部分は墨家の資料としては二次的な価値しかもたない。Ⅲでは儒家説の矛盾が論理によって暴かれている。Ⅵは弟子の禽滑釐《きんこつり》との対話の形で各種の守城法に関する技術的な問題が述べられている部分である。古代の戦術や技術のあり様を知る上で貴重な資料であるが、難解で現在でも未解読の箇所が多い。

もとよりこの短い解説で示し得たのは、墨家の思想の骨格と、その論理の一部に過ぎない。墨家の繰り出す多様な論理や論証術の巧みさを味わうにはやはり『墨子』本書をみずからひもといてもらうしかない。

本書は抄訳ではあるものの、墨家の思想やその論理の特徴がよくあらわれている部分が過不足なく選択されており、紙幅の関係で訳出していない部分にはその内容の概要を加えるなど、『墨子』の全体像が十分に把握できる工夫がなされている。本書によって『墨子』の世界を存分に味わってもらいたい。

(広島大学教授)

凡例

一　本訳書は中公バックス版〈世界の名著10〉『諸子百家』（責任編集・金谷治、一九七八年）所収の「墨子」を底本とし、新たな解説を巻頭に付したものである。

二　『墨子』全七十一篇のうち現存する五十三篇から、主要な部分を抄録した。省略した諸篇には概要を付して、全体の構成とその思想がわかるように配慮した。

三　分章は主題ごとに適宜まとめ、ゴシック体の通し番号を付した。

四　底本には孫詒譲《そんいじょう》の『墨子間詁《ぼくしかんこ》』を用いて、さらに論理学諸篇については、主として譚戒甫《たんかいほ》の『墨弁発微《ぼくべんはつび》』によった。また、陶鴻慶《とうこうけい》『読諸子札記《どくしょしさっき》』、高亨《こうきょう》『諸子新箋《しょししんせん》』などの説によって校訂を加えた。

五　各章ごとに読み下し・口語訳・注釈・内容解説（＊印の箇所）の順で配列した。

六　注釈は、語句釈・人名・地名などは山形括弧で、読み下しの校訂（原典の校訂を含む）とその解釈については（1）（2）……の番号で示した。なお、省略した部分との関連をもこの記号をもって示した場合がある。

七　本文において、篇の番号がとんでいるのは、原本が欠けていること、および同名の篇の一つ（例えば上中下あればその上）を抄出し、他は省略したことを示している。

墨子

第一　親《しん》士《し》篇

士人を尊重して、重く用いよと説く篇である。あとの尚賢《しょうけん》篇の主旨に近い。

まず、君主として国家を繁栄させる秘訣《ひけつ》は、すぐれた士人を親愛して尊重することだと述べ、その例として、春秋時代の覇者《はしゃ》である晋《しん》の文公、斉《せい》の桓公《かんこう》、越《えつ》の勾践《こうせん》が、苦難の中から士人の力によって立ち上がったことや、暴君の桀《けつ》や紂《ちゅう》が賢士《けんし》を軽んじたために失敗したことを述べて、賢士こそ国の宝であるという。次いで、賢士の用い方について、賢士は、良弓や良馬のように、君主の意のままには使いこなせないところがあるが、うまく使えば事業は必ず成功するといい、したがって君主は、小川の流れを集める大河のように、大きな包容力を持って多くの賢士を集めなければならないとする。

完全な一篇でなくて、全体の一部が残ったという感じが強く、論旨もあいまいであって、尚賢篇の理路整然とした内容にはおよばない。儒教の主張に近いところもあり、また道家《どうか》思想の混入もあって、次の修身《しゅうしん》篇と同様に、墨子の時代からかなり後の作品であろうと思われる。そこで、修身篇に代表させて、この篇を省いた。

第二　修身《しゅうしん》篇

個人の修養について述べる。基本的なこと、身近なことに力を注ぎ、自己反省につとむべきことを説く。短い篇であるが、主旨の重なるところを省いた。

一　君子《くんし》、戦いには陣《じん》ありと雖《いえど》も勇を本《もと》と為《な》す。喪《も》には礼ありと雖も哀を本と為す。士、学ありと雖も行を本と為す。是《こ》の故《ゆえ》に本を置くこと安からざれば、末を豊かにすることを務《つと》むることなかれ。近き者親しまざれば、遠きを来たすことを務むることなかれ。親戚《しんせき》附かざれば、外交を務むることなかれ。事に終始なくんば、多業を務むることなかれ。物を挙《あ》げて闇《くら》くんば、博聞を務むることなかれ。是の故に先王の天下を治むるや、必ず邇《ちか》きを察して遠きを来たす。

君子は邇きを察して邇きこと修まる者なり。修まらざる行ないを見、毀《そし》らるるを見て、これを身に反《かえ》りみる者なり。此《こ》の以《ゆえ》に怨《うら》み省《すく》なくして行ない修まる。譖慝《しんとく》の言はこれを耳に入《い》るることなく、批扞《ひかん》の声はこれを口より出《い》だすことなく、人を殺傷するの孩《がい》(1)はこれを心に存することなし。詆訐《ていけつ》の民ありと雖も依《よ》る所なし。故に君子、力事《りきじ》は日《ひび》に強《つと》め、願欲《がんよく》は日に逾（こ）にし、設壮（せっそう）は日に盛んにす。君子の道や、貧には則ち廉を見し、富には則ち義を見す。生には則ち愛を見し、死には則ち哀を見す。四行のもの虚仮《きょか》すべからず、これを身に反りみる者なり。

　君子は、戦争には陣立てが大切だとしても勇気が基本であると考える。喪《も》には儀礼が大切だとしても悲哀の情が基本であると考える。知識人には学問が大切だとしても実践が基本であると考える。だから、しっかりと基本がきまらないうちは、枝葉のことにあまり力を注いではいけない。近くの者に親しまれないのに、遠くの者を集めようとしてはいけない。親戚の者としっくりいかないのに、他人と交際しようとしてはいけない。ある仕事がきちんときまりがつかないのに、多くの仕事に手を出してはいけない。ある事柄をよく知らないのに、ほかの知識を得ようとしてはいけない。だから、昔の王者は、天下を治めようとするには、必ず近くをよくみきわめてから遠くの者を招きよせようとするのである。

　君子とは、身近なところをみきわめて、身辺がよく治まった者のことである。人の善《よ》くない行為を見たり、人にけなされているのがわかれば、それを自分のこととして反省する者のことである。そこで、あまり人から怨《うら》まれず行為もりっぱになるのである。また、邪悪なそしりに耳をかすことなく、人を乱すことばを口から吐かず、人を殺傷しようという意図を心に抱かないので、私事をあばきたてようとするよからぬ民衆が攻撃しようとしても、そのきっかけがない。だから、君子は日々仕事に精を出し、欲望はいつも控え目で、身だしなみはいつもきちんとしている。君子のなすべきことは、貧乏な人には清廉で対し、金持には正義で対し、生きている者には愛情で対し、死んだ者には悲哀で対することであるが、この四つの行ないは、いいかげんな借りものではすまされない。これを自分の身について反省してこそできることである。

〈君子〉理想的な人格者、求道者。もともとは被治者である「小人」に対する治者階級の者をさしたが、春秋末からは一般に知識階級の理想的人間の型をさすようになった。
〈士〉もと天子・諸侯・卿《けい》・大夫《たいふ》・士という支配階層の最下位にあるもので、大夫の下にあって土地を分与されて軍役に服していた。戦国時代では、氏族制が崩壊して、土地を失った士がたくさん出てきたが、また一般庶民の間からも、自分の知識や武芸によって諸侯につかえるものがあらわれ、みな俸禄（給料）をもらって生活した。知識人ないしは武士というほどの意味で使われることが多い。
（1）「孩」は「荄」と同じ。草の根。底意のこと。
（2）「逾」は「偸」と同じ。かりそめ、おろそかの意。

二　心に蔵する者は、愛を竭《つ》くすなく、身に動く者は、恭を竭くすなく、口に出《い》ずる者は、馴《くん》を竭くすなし。これを四支に暢《の》べ、これを肌膚《きふ》に接《あまね》くし、華髪墮顛《だてん》して而《しか》も猶舎《なおお》かざる者は、其れ唯《ただ》聖人か(1)。
本《もと》の固《かた》からざる者は、末必ず幾《あやう》く、雄にして修まらざる者は、其の後必ず惰《だ》し、原《みなもと》の濁る者は流れも清《す》まず、行の信ならざる者は名も必ず秏《やぶ》る。名は徒《いたず》らには生ぜず、誉は自《おの》ずから は長ぜず、功成りて名も遂《と》げらる。名誉は虚仮《きょか》すべからず、これを身に反りみる者なり。

心で思っているだけでは、愛情をつくしたことにはならない。動作で形をとるだけでは、恭敬をつくしたことにはならない。口でしゃべるだけでは、典雅をつくしたことにはならない。愛情や恭敬や典雅を手足のさきまでゆきわたらせ、心の中から膚《はだ》の表面にまでみちわたらせて、しかも白髪禿頭《とくとう》の老人になってもなおそれらを失わないでいるというのは、ただ聖人だけにできることであろう。

基本がしっかりしていない者は、きっと枝葉のことで危険におちいり、勇気があっても修養のできていない者は、後にはきっと身を持ちくずす。源が濁っているときは流れも清くはならず、行為が誠実でないときは評判もきっと悪くなる。理由がなくてはよい評判はたたず、自然にまかせていては名誉はあがらない。功績が成しとげられてこそ名声もあがるのである。名誉はいいかげんな借りものではすまされない。これを自分の身について反省してこそ得られるものである。

（1）このあと、原文では「志の強くない者は智も完成しない」などという四十四字があるが、省いた。

第三　所《しょ》染《せん》篇

糸が染色によって種々の色になるように、人も交友のいかんによって大きく影響されることを述べる。『呂氏《りょし》春秋』当染篇にも、似た文がある。

一　子墨子《しぼくし》、糸《いと》を染《そ》むる者を見て歎《たん》じて曰《い》わく、蒼《あお》に染むれば則《すなわ》ち蒼となり、黄に染むれば則ち黄となる。入《い》る所のもの変ずれば其《そ》の色もまた変ず。五たび入るれば而已《すなわ》[1]ち五色となる、と。

故《ゆえ》に染《せん》は慎まざるべからざるなり。独《ひと》り糸を染むることのみ然《しか》るに非《あら》ざるなり。国もまた染あり。舜《しゅん》は許由《きょゆう》・伯陽《はくよう》に染み、禹《う》は皐陶《こうよう》・伯益《はくえき》に染み、湯《とう》は伊尹《いいん》・仲虺《ちゅうき》に染み、武王は太公《たいこう》・周公に染む。此《こ》の四王の者は染むる所当たる。故に天下に王となり、立ちて天子となりて、功名は天地を蔽《おお》い、天下の仁義《じんぎ》の顕人《けんじん》を挙《あ》ぐるときは、必ず此の四王の者を称す。

夏桀《かけつ》は干辛《かんしん》・推哆《すいし》に染み、殷紂《いんちゅう》は崇侯《すうこう》・悪来《あくらい》に染み、厲《れい》王は虢公長父《かくこうちょうほ》・栄の夷終《いしゅう》に染み、幽《ゆう》王は傅公夷《ふこうい》・祭公穀《さいこうこく》に染む。此の四王の者は染むる所当たらず。故に国は残《ざん》せられ身は死して天下の僇《りく》となり、天下の不義の辱人《じょくにん》を挙ぐるときは、必ず此の四王の者を称す。[2]

独《ひと》り国のみ染あるに非ざるなり。士もまた染あり。其の友みな仁義を好み、淳謹《じゅんきん》にして令を畏《おそ》るれば、則ち家は日に益《ま》し、身は日に安く、名は日に栄え、官に処《お》りて其の理を得《う》。則ち段干木《だんかんぼく》・禽子《きんし》・傅説《ふえつ》の徒是《こ》れなり。其の友みな矜奮《きょうふん》を好み、創作比周すれば、則ち家は日に損し、身は日に危うく、名は日に辱《はずかし》められ、官に処りて其の理を失う。則ち子西《しせい》・易牙《えきが》・豎刀《じゅとう》の徒是れなり。詩に曰わく、必ず堪《ひた》(3)す所を択《えら》ばん、必ず堪す所を謹しまんとは、此《こ》の謂《いい》なり。

墨子先生は、糸を染めている人を見て嘆いていわれた、「青色に染めると青色になり、黄色に染めると黄色になる。染料が変われば糸の色も変わる。染めつぼに五度入れると、そこで五つの色ができあがるのだ」と。

してみると、染めるということは、慎重にしなければいけないことだ。そして、ただ糸を染めることだけがそうなのではない。国の場合にも染めるということが問題である。聖天子の舜《しゅん》は許《きょ》由《ゆう》や伯陽《はくよう》の影響に染まり、夏《か》王朝をひらいた禹《う》は皐陶《こうよう》や伯益《はくえき》の影響に染まり、殷《いん》王朝をひらいた湯《とう》王は伊尹《いいん》や仲虺《ちゅうき》の影響に染まり、周王朝をたてた武王は太公や周公の影響に染まった。この四人の王たちは彼らを染める人がよかったのである。だから世界を治める王となり、天子の位について、功績と名誉はあまねく知られ、この世で仁義をそなえた貴顕の人を引きあいに出すときには、必ずこの四人の王をあげるようになった。

ところが、夏王の桀《けつ》は干辛《かんしん》や推哆《すいし》の影響に染まり、殷王の紂《ちゅう》は崇侯《すうこう》や悪来《あくらい》の影響に染まり、周の厲《れい》王は虢公長父《かくこうちょうほ》や栄の夷終《いしゅう》の影響に染まり、周の幽王は傅公夷《ふこうい》や祭公穀《さいこうこく》の影響に染まった。この四人の王たちは彼らを染める人がよくなかったのである。だから国は滅ぼされ自分は死に、世界じゅうの恥さらしとなって、この世で正義にそむく恥さらしな人を引きあいに出すときには、必ずこの四人の王をあげるようになった。

ところで、ただ国の場合だけに染めるということが問題となるのではない。知識人の場合にも染めるということが問題である。その友達がみな仁義の徳を愛し、淳朴《じゅんぼく》謹慎で法令を守るというのであれば、その人の家は日ましに豊かになり、身は日ましに安らかになり、名は日ましにあがって、官についても仕事がきちんとできる。すなわち段干木《だんかんぼく》や禽子《きんし》や傅説《ふえつ》などの人々がそれである。

ところが、その友達がみな高慢で威張ることを好み、慣習にしたがわず勝手に徒党を組むというのであれば、その人の家は日ましに貧しくなり、身は日ましに危険になり、名は日ましに辱められ、官についても仕事がきちんとできない。すなわち、子西《しせい》や易牙《えきが》や豎刀《じゅとう》などの人々がそれである。詩にも「きっと漬《ひた》すところを選ぼう、きっと漬すところに気をつけよう」と歌っているのは、この意味である。

〈子墨子〉墨翟《ぼくてき》のこと。姓の上にも「子」をつけるのは、子列子・子公羊《くよう》子などの例があるが、多くはない。自分の先生であることをはっきりさせたのだといわれる。墨子の場合、特にしばしばみえるので、「鉅子《きょし》の墨子」の意味ではないかと疑われる。

〈舜は…〉舜は古代の聖天子。堯《ぎょう》から譲られて位についた。堯舜時代は中国古代の黄金時代とされる。許由は舜の前に堯から位を譲られたが、それを断わったという隠者。伯陽は老子《ろうし》の字《あざな》と一致するところから、老子のことだという説もあるが正しくない。舜の時代の賢人というだけで事績は明らかでない。

〈禹は…〉禹は舜から位を譲られた聖王で、夏王朝の始祖。舜に仕えて治水などの土木事業に功績があった。皐陶は獄官の長、伯益は山林を監督する長として、ともに舜に仕えた。

〈湯は…〉湯は夏の桀王をたおして殷王朝をひらいた聖王。堯・舜・禹は禅譲《ぜんじょう》の交代《こうたい》であったが、湯王からは放伐《ほうばつ》の交代になる。伊尹と仲虺は湯王に仕えた建国の功臣。

〈武王は…〉武王は周の文王の子で、前一一〇〇年ごろ殷の紂王をたおして周王朝をたてた聖王。太公は太公望呂尚《りょしょう》のことで、文王と武王にしたがって紂を破り、斉《せい》の国に封ぜられた功臣。周公は武王の弟の周公旦《たん》で、周王朝の基礎を固め、のち魯《ろ》の国に封ぜられた。孔子に尊敬されたことは『論語』にみえる。

〈桀は…〉桀は夏王朝最後の暴君。干辛は羊辛とも書かれ、桀にへつらって諸侯を苦しめた。推哆は推侈・雅侈などとも書かれ、猛獣をひきさく大力があって、人民を苦しめた。

〈紂は…〉紂は殷王朝最後の暴君。崇侯は崇国の王で侯爵、悪来は飛（蜚《ひ》）廉の子で、大力があった。二人とも紂の悪臣。

〈厲王は…〉厲王は武王から数えて第十代目の周王。名は胡《こ》。在位は前八五七年から八四二年とされる。

暴虐であったため追放され、周公・召公による共和政治が行なわれるにいたり、空位時代を招いた。虢・栄はそれぞれ国名。『史記』周本紀には、栄の夷公を近づけたことだけがみえる。

〈幽王は…〉幽王は武王から数えて第十二代目の周王。名は宮涅《きゅうでつ》。在位は前七八二年から七七一年とされる。褒姒《ほうじ》を寵愛して政治を怠り、のち西方の蕃族に殺された。傅・祭はいずれも国名。二人の事績は不明である。

〈段干木〉姓は段干。名は木。晋《しん》の仲買業者のボスだともいわれるが、また孔子の弟子子夏《しか》に学んだとされ、魏《ぎ》の文侯に招かれたがしたがわなかった賢人。

〈禽子〉墨子の高弟の禽滑釐《きんこつり》のこと。その活躍は、公輸・備城門・備梯などの各篇にみえるが、ここで「子」をつけてよんでいることは、この篇が彼の門人より後の成立であることを示している。

〈傅説〉殷の高宗につかえて治績をあげた名臣。はじめ囚人として道路工事に使役されていたのを抜擢《ばってき》されたという。

〈子西〉春秋時代の楚《そ》の平王の妾腹の長子で、楚の総理大臣。自分が他国から呼びよせた平王の孫の白公勝《しょう》のために殺された。

〈易牙・豎刀〉いずれも春秋時代の覇者である斉の桓《かん》公の臣。易牙は桓公の歓心をかうために自分の子供を殺して料理してすすめ、豎刀は桓公に近づくために自ら去勢したといわれる。

〈詩〉ふつう五経の一つ『詩経』のことをさす。国風、大雅、小雅、頌に分類された、中国最古の詩集である。ただし、ここの句は今の『詩経』にはなく、こういうのを逸詩という。すなわち採録にもれて失われた詩の断片という意味。『墨子』にはしばしば逸詩がみられる。

（1）原文には「五入必而已則」とある。畢沅《ひつげん》は「必」を「畢」と同じにみて「終わる」と読むが、また別本には「必」字がないともいう。いま別本にしたがう。また「則」字は『呂氏春秋』の文にはない。

(2) このあと、諸侯の例をあげる一段がある。斉の桓公以下「染むる所当たる」五人のよい例と、范《はん》吉射《きつせき》以下「染むる所当たらざる」六人の悪い例とをあげている。人名がわずらわしいので省略した。次の段落のはじめに「独り国のみ染あるに非ざるなり」といっているのは、この諸侯の一段を受けたからである。

(3) 「堪」は王念孫《おうねんそん》の説にしたがって「湛」と同じとみ、「漸漬」すなわちひたすの意に読む。『荀子』勧学篇にも環境によって教養の変わることを述べ、「漸《ひた》す所の者、然らしむるなり」とある。

第四　法儀《ほうぎ》篇

すべて事業には基準が大切で、君主たる者は、万物を公平無私に愛し養う天を基準として政治を行なうべきだと説く。天志篇の主旨と重なる。

一　子墨子《しぼくし》曰《い》わく、天下の事に従う者は、法儀なかるべからず。法儀なくして其《そ》の事の能《よ》く成る者は有ることとなきなり、と。士の将相《しょうしょう》となる者に至ると雖《いえど》もみな法あり。百工の事に従う者に至ると雖も亦《また》みな法あり。百工は方を為《つく》るに矩《く》を以《もっ》てし、円を為るに規《き》を以てし、直は縄《じょう》を以てし、正は県《けん》を以てし、平は水を以てす。巧工と不巧工となく、みな此《こ》の五者を以て法と為《な》す。巧みなる者は能《よ》くこれに中《あ》たる。巧みならざる者は中たること能《あた》わずと雖も、放依《ほうい》して以て事に従えば、猶已《なおや》むに逾《まさ》れり。故《ゆえ》に百工の事に従う者はみな法度《ほうど》あり。今、大なる者は天下を治め、其の次は大国を治めて、而《しか》も法度なきは、此れ百工の弁《おさ》むるに若《し》かざるなり。

墨子先生がいわれた、「この世で何か仕事をしようとするには、中心の基準がなければいけない。中心の基準がなくてその仕事がうまく成功したことは、めったにない」と。士人で将軍や宰相になるというような場合でさえも、すべて基準がある。もろもろの職人が仕事をするというような場合でさえも、やはりすべて基準がある。もろもろの職人は定規《じょうぎ》で四角をきめ、ぶんまわしで円をきめ、墨縄《すみなわ》で直線をひき、垂れ縄で垂直をきめ、水盛《みずもり》で水平をきめる。器用と無器用とにかかわりなく、職人はみなこの五つのものを基準にする。器用な者は基準どおりにできるし、無器用な者は基準どおりにできなくとも、基準にしたがって仕事をしていけば、もちろん基準にしたがわないよりはずっとましである。だからもろもろの職人が仕事をするにはすべて基準がある。してみると、ひろくは世界を治め、次いでは大国を治めるのに、基準とすべきものがないというのでは、これはもろもろの職人の仕事にも劣ったことになるのである。

〈百工〉工とは技術家。主として器物を製作する職人のことであるが、いまの職人よりは範囲がひろく、宮殿・城郭・灌漑施設などの工事にたずさわる人も含まれる。

二　然《しか》らば則《すなわ》ち奚《なに》を以《もっ》て治法と為《な》して可《か》なるか。当《も》(1)しみな其《そ》の父母に法《のっと》らば奚若《いかん》。天下の父母たる者は衆《おお》けれども仁者《じんしゃ》は寡《すく》なし。若《も》しみな其の父母に法らば此《こ》れ不仁に法るなり。不仁に法るは以て法と為すべからず。当しみな其の学(2)に法らば奚若。天下の学たる者は衆けれども仁者は寡なし。若しみな其の学に法らば此れ不仁に法るなり。不仁に法るに以て法と為すべからず。当しみな其の君に法らば奚若。天下の君たる者は衆けれども仁者は寡なし。若しみな其の君に法らば此れ不仁に法るなり。不仁に法るは以て法と為すべからず。故《ゆえ》に父母・学・君の三者は、以て治法と為すべきことなし。

さて、そうだとすると、何を政治の基準にしたらよいか。もしも、みんなが自分の父母を手本としたらどうであろう。世界じゅうに父母という人はたくさんいるが、思いやりのある父母は少ない。もしもみんながそれぞれ自分の父母を手本としたならば、これは薄情を手本にすることになる。薄情を手本とすることは基準とするわけにはゆかない。では、もしもみんなが自分の先生を手本としたらどうか。世界じゅうに先生という人はたくさんいるが、思いやりのある先生は少ない。もしもみんながそれぞれ自分の先生を手本としたならば、これは薄情を手本にすることになる。薄情を手本とすることは基準とするわけにはゆかない。では、もしもみんながそれぞれ自分の君主を手本としたならばどうか。世界じゅうに君主という人はたくさんいるが、思いやりのある君主は少ない。もしもみんながそれぞれ自分の君主を手本としたならば、これは薄情を手本にすることになる。薄情を手本とすることは基準とするわけにはゆかない。そこで、父母と先生と君主との三つのものは、政治の基準とすることはできないのである。

（1）「当」は「嘗」と通ずるとして「こころみに」と読むこともできるが、王引之《おういんし》の説にしたがって「儻」と同じに読んだ。『墨子』の書中にはよく出てくる。

（2）ここの「学」は師の意味だと孫詒譲《そんいじょう》はいう。

二　然《しか》らば則《すなわ》ち奚《なに》を以て治法と為《な》して可なるか。故《ゆえ》に曰《い》わく、天に法《のっと》るに若《し》くはなし、と。天の行は広くして私なく、其の施は厚くして徳とせず、其の明は久しくして衰えず。故に聖王これに法る。既《すで》に天を以て法と為さば、動作有為《ゆうい》は必ず天に度《はか》る。天の欲《ほっ》する所は則ちこれを為し、天の欲せざる所は則ち止《や》む。然らば而《すなわ》ち天は何を欲し何を悪《にく》む者なるか。天は必ず人の相《あい》愛し相利するを欲して、人の相悪み相賊《そこな》うを欲せざるなり。奚を以て天の、人の相愛し相利するを欲して、人の相悪み相賊うを欲せざることを知るか。其の兼ねてこれを愛し、兼ねてこれを利するを以てなり。奚を以て天の兼ねてこれを愛し、兼ねてこれを利するを知るか。其の兼ねてこれを有《たも》ち、兼ねてこれを食《やしな》うを以てなり。

さて、そうだとすると、何を政治の基準としたらよいのか。そこで、天を手本にするのが一番よいというのである。天の行為はひろくゆきわたって公平であり、天の恩恵は厚くてわざとらしさがなく、天の光明は永久であって衰えることがない。だから聖王もこれを手本とする。すでに天を基準にしたからには、すべての動作や行為は必ず天を模範とする。天が希望することは実行するが、天が希望しないことは中止する。さてそれならば、天は何を希望し何を嫌うのであろうか。天は人々が互いに愛しあい利益を与えあうことを希望し、人々が互いに憎みあい傷つけあうことを希望しないことは確かである。ではどうして、天が人々が互いに愛しあい利益を与えあうことを希望し、人々が互いに憎みあい傷つけあうことを希望しないことがわかるのか。それは、天があまねく愛し、あまねく利益を与えているからである。ではどうして、天があまねく愛し、あまねく利益を与えていることがわかるのか。それは、天があまねく保護し、あまねく養っているからである。

〈聖王〉完全な理想的王者。「聖」には最高の理想型というほか、絶対不可侵の神聖な意味もあり、したがって、いずれかといえば、現在にはいない理想的古代の存在とも考えられている。『墨子』では、このまま訳さずにおく。

四 今、天下は大小の国となくみな天の邑《ゆう》なり。人は幼長貴賤となくみな天の臣なり。此《こ》の以《ゆえ》に牛羊を芻《やしな》い(1)犬豬《けんちょ》を豢《やしな》い、潔《きよ》く酒醴《しゅれい》粢盛《しせい》を為《つく》り、以て天に敬事せざるなし。此れ兼ねてこれを有《たも》ち、兼ねてこれを食《やしな》うが為《ため》ならずや。天は苟《まこと》に兼ねてこれを有ち食う。夫《そ》れ奚《なん》ぞ以て人の相愛し相利するを欲せずと説かん。故《ゆえ》に曰わく、人を愛し人を利する者は、天必ずこれに福《さいわ》いし、人を悪《にく》み人を賊《そこな》う者は、天必ずこれに禍《わざわ》いす、と。曰わく、(2)不辜《ふこ》を殺す者は不祥を得ん、と。

さて、世界の国々は、大国も小国もすべて天に所属する都市である。人は老いも若きも高貴も下賤もすべて天に所属する臣下である。そこで、すべての者が、お供えのために牛や羊を飼い、犬や豚を養い、酒や供物を清らかに用意して、つつしんで天におつかえするのである。それは、天があまねく保護しあまねく養ってくれるためのことではないだろうか。天は本当に、あまねく人々を保護し養っているのである。いったい、どうして、人々が互いに愛しあい互いに利益を与えあうのを、天が希望しないなどといえようか。だから、「他人を愛し他人に利益を与える者には、天はきっと幸福を与え、他人を憎み他人を傷つける者には、天はきっと不幸をくだす」といわれる。また、「罪のない者を殺害した者は、善くない結果を得る」ともいわれる。

〈酒醴粢盛〉「醴」は甘酒、うま酒、「粢盛」は器に盛った稷《きび》などの穀物。神に供える酒と供物である。

（1）原文は「犓羊」とあるが、畢沅の説によって「芻牛羊」と改めた。蘇時学《そじがく》は犓は芻牛の二字が誤って一字になったものであろうという。「芻」は草で、「豢」は穀物で、養うこと。

（2）「曰」字を「日」に改めて往日の意にとり、「さきに」と読む説もある。

第五　七《しち》患《かん》篇

七つの憂患、すなわち心配ごとというのが、この篇の名称である。

外敵への備えがふじゅうぶんなのに、宮室だけをりっぱにするのはその第一、敵軍が国境まできているのに、隣国の助けが得られないのはその第二、民衆をむだに労働させて無能者を賞し、賢士を招く財力がないのはその第三、役人も遊説家も自分のことだけを考え、君主は臣下を責めるだけなのはその第四、君主がうぬぼれて油断し、隣国への備えをしないのはその第五、臣下をみぬけないのはその第六、食糧不足で、大臣が無能であり、賞罰もでたらめなのはその第七。この七患があれば、国家は危険である。

そこで、食糧と国防とを完備する必要があるが、それを心がけずに、むだな賞を与え、豪華な車馬・衣服・宮室を作り、珍しい道具を集めて贅沢《ぜいたく》な葬儀をしておれば、外敵があると国は敗れ、凶作にあうと民衆は餓死することになる。だから、万事に節約することが大切だと結ぶ。

この篇の後半は、あとの節用篇と関係が深いが、墨家《ぼくか》思想としての特色は必ずしも鮮明でないので省略した。

第六　辞《じ》過《か》篇

過ぐるを辞す、すなわち必要以上の贅沢《ぜいたく》をするなという主張が述べられる。

大昔の民は、穴ぐらに住んだり草木を食べたりして、自然の生活をしていたが、聖王はそれでは体に害があるとして、住宅・衣服・飲食・舟車の作り方を教えた。いずれも質素簡便で実用を第一としていた。ところが、今の君主は、豪華な宮殿、美しい着物、珍しいうまい飲み物や食べ物、珠《たま》飾りの舟や車など、実用をこえた贅沢をして、そのために民衆にむだな労働をさせ、重い租税をとりたてて、なお国家の貯えはなく、国防も不完全というありさまになっている。正夫人以外の女性についても、大国の君主では千人、小国でも百人で、君主が一人じめにするものだから、国民の結婚もうまくいかず、したがって人口も減少している。君主たる者、国家がうまく治まることを希望するなら、宮殿や衣服などこれらのことについて節約しなければならない。

この篇の内容は、七患篇の後半と同様に、節用篇の論旨と一致する。滅んだとされている節用篇の下篇ではあるまいかと疑う学者もあるほどで、重複の感が深いので省いた。

第七　三《さん》弁《べん》篇

華美な音楽を排斥《はいせき》する墨子の非楽《ひがく》の主張について、程繁《ていはん》という人物と墨子とが問答をする短篇である。程繁は、古来の歴史事実にてらして「聖王は音楽を奏《かな》でない」という墨子の主張に疑問を提出する。諸侯も士大夫も農民も、仕事に疲れては音楽を楽しんできたではないかというのである。墨子はそれに対して、音楽はたしかにむかしの聖王の時代から存在したが、それは今のように盛んで華美なものではなかったとこたえる。音楽は、堯《ぎょう》・舜《しゅん》から殷の湯王、周の武王、成王と、時代の下《くだ》るにつれて盛んになったが、政治のほうはむかしのほうがりっぱであった。音楽を盛んにすることは、実際の政治には役立たない。聖王には音楽はあっても、今日のと比べれば、ないのと同じだという。

問答は二つあるが、同じ主旨である。概して平板で、非楽篇の説得的なのと比べて、文章の迫力もない。非楽篇をうけて、後から作られたものであろう。三弁すなわち三つの弁明ということからすると、もとは三つの問答であったのだろう。

最初からここまでの七篇は、墨子の全体の主張からすると、実はそれほど主要ではない。

第八　尚賢篇《しょうけん》　上

理想的な政治を行なうには、個人の出身のいかんにかかわらず、能力本位で優秀な者を尊重し、抜擢してゆくべきだといって、従来の貴族制に反対する。なお、第九尚賢篇中・第十尚賢篇下は省略した。

一　子墨子《しぼくし》言いて曰《い》わく、今者《いま》、王公大人《たいじん》の政を国家に為《な》す者、みな国家の富み、人民の衆《おお》く、刑政の治まるを欲《ほっ》す。然《しか》り而《しこう》して富を得ずして貧を得、衆を得ずして寡《か》を得、治を得ずして乱を得るは、則《すなわ》ち是《こ》れ本《もと》其の欲する所を失いて、其の悪《にく》む所を得《う》るなり、と。是れ其の故《ゆえ》何ぞや。

子墨子言いて曰わく、是れ王公大人の政を国家に為す者、賢《けん》を尚《とうと》び能《のう》を事《つか》う(1)を以て政を為すこと能《あた》わざるに在《あ》るなり。是の故に国に賢良の士あること衆ければ、則ち国家の治は厚く、賢良の士寡《すく》なければ、則ち国家の治は薄し。故に大人の務めは将《かなら》ず(2)賢を衆くするに在るのみ、と。曰わく、然らば則ち賢を衆くするの術は、将奈何《またいかん》せんか、と。

子墨子言いて曰わく、譬《たと》えば、若《も》し其の国の射御《しゃぎょ》を善《よ》くするの士を衆くせんと欲せば、必ず将《まさ》にこれを富ましこれを貴《たっと》くし、これを敬しこれを誉《ほ》めよ。然る後《のち》に国の射御を善くするの士、将《すなわ》ち(3)得て衆くすべきなり。況《いわ》んやまた賢良の士、徳行に厚く言談に弁《べん》に道術に博《ひろ》き者あるをや。此《こ》れ固《もと》より国家の珍《ちん》にして社稷《しゃしょく》の佐《さ》なり。また必ず且《まさ》にこれを富ましこれを貴くし、これを敬しこれを誉めよ。然る後に国の良士また将ち得て衆くすべきなり。

墨子先生のおっしゃったことは次のようである。「いま、天子をはじめとする高位の者で国家の政治を行なっている人たちは、すべて国家が豊かになり、住民がふえ、法律や行政がりっぱに行なわれることを望んでいる。ところが豊かにならないで貧しくなり、住民がふえないで少なくなり、法律や行政がりっぱに行なわれないで乱れているというのが現実であるが、これは元来、希望することが実現されないで、嫌っていることが実現しているのである」と。これはいったいどうしたわけなのであろうか。

墨子先生のおっしゃったことは次のようである。「これは、天子をはじめとする高位の者で国家の政治を行なっている人たちが、優秀な者を尊重し有能な者を使って政治することができないでいるところに、その原因があるのだ。したがって国にすぐれたりっぱな士人がたくさんいると、国家はよく治まるが、すぐれたりっぱな士人が少ないと、国家の政治はうまくいかない。そこで高位にある者のしなければならないことは、必ずすぐれた人をたくさん集めることである」と。それでは、すぐれた人をたくさん集めるには、いったいどうしたらよいのだろうか。

墨子先生のおっしゃったことは、次のようである。「たとえば、もしある国で上手な射手《しゃしゅ》や御者《ぎょしゃ》をたくさん集めたいと思うなら、彼らを富貴にして尊敬をはらい、名誉を与える必要がある。そうしてこそ、はじめてその国の上手な射手や御者をたくさん集めることができるであろう。ましてや、すぐれたりっぱな士人で、道徳にすぐれ、弁論に巧みで、学問をひろく治めた人がいた場合には、なおさらのことそのようにすべきである。こういう士人は、いうまでもなく国家の珍重すべき存在であり、国政の補佐役である。この場合もきっと彼らを富貴にして尊敬をはらい、名誉を与える必要がある。そうしてこそはじめて、その国のりっぱな士人をたくさん集めることができるであろう」

〈王公大人〉王は天子。公は国君、諸侯。大人は小人に対することばで、一般に支配者層の人をさす。
〈社稷〉国家のこと。社は土地神、稷は穀物神で、むかしの聚落形成の中心であったことから国家の意味となった。
(1) ここの「事」は「使」と同じ意味である。
(2) ここの「将」は「必ず」の意味。下文の「必将」も同じ。『荀子』にも例がある。
(3) ここの「将」は「乃」と同じ意味。

二　是《こ》の故《ゆえ》に古者《いにしえ》、聖王の政を為《な》すや、言いて曰《い》わく、義ならざれば富まさず、義ならざれば貴《たっと》くせず、義ならざれば親しまず、義ならざれば近づけず、と。是《ここ》を以《もっ》て国の富貴の人これを聞き、みな退きて謀《はか》りて曰わく、始め我が恃《たの》む所の者は富貴なり。今、上《かみ》は義を挙《あ》げて貧賤を辟《さ》けず。然《しか》らば則《すなわ》ち我は義を為さざるべからず、と。親しき者これを聞き、また退きて謀りて曰わく、始め我が恃む所の者は親《しん》なり。今、上は義を挙げて疏《そ》を辟けず。然らば則ち我は義を為さざるべからず、と。近き者もこれを聞き、また退きて謀りて曰わく、始め我が恃む所の者は近きことなり。今、上は義を挙げて遠きを辟けず。然らば則ち我は義を為さざるべからず、と。遠き者もこれを聞き、また退きて謀りて曰わく、我は始め遠きを以て恃みなしと為せり。今、上は義を挙げて遠きを辟けず。然らば則ち我は義を為さざるべからず、と。遠鄙《えんぴ》郊外の臣・門庭の庶子《しょし》・国中の衆・四鄙《ひ》の萌《たみ》に至るに逮《およ》ぶまで、人ごとにこれを聞き、みな競《きそ》いて義を為す。是れ其の故何ぞや。

曰わく、上《かみ》の下《しも》を使う所以《ゆえん》の者は一物なり。下の上に事《つか》うる所以の者は一術なり。これを譬《たと》うれば、富者、高牆《こうしょう》深宮あり。宮牆既《すで》に立ち、謹《わず》かに(1)止《ただ》一門を鑿《うが》つことを為す。盗人の入ること有らば、其の自《よ》りて入るところを閤《と》じてこれを求む。盗は其れ自りて出《い》ずるところなし。是れ其の故何ぞや。則ち上、要を得《う》ればなり。

このようなわけで、むかし聖王が政治を行なうにあたっては、次のように宣言した、「正義の人でなければ金持にはしない、正義の人でなければ貴い身分にはしない、正義の人でなければ親しくしない、正義の人でなければ側近にしない」と。そこで、国の金持や身分の高い人々はそのことばを聞き、みな王の前からひきさがると相談して、「これまで自分たちは富貴を頼りとしてきたが、いまや王は、正義の人であれば貧賤の者でもかまわずに挙《あ》げ用いるといわれる。してみると、われわれも正義を行なわなければならない」といった。また王と親しい間柄にある人々も王のことばを聞くと、やはりひきさがって相談して、「これまで自分たちは王と親しいことを頼りにしてきたが、いまや王は、正義の人であれば疎遠な間柄の者でもかまわずに挙げ用いるといわれる。してみると、われわれも正義を行なわなければならない」といった。また王の側近の人々も王のことばを聞くと、やはりひきさがって相談して、「これまで自分たちは王の側近につかえていることを頼りにしてきたが、いまや王は、正義の人であれば遠くにいる者でもかまわずに挙げ用いるといわれる。してみると、われわれも正義を行なわなければならない」といった。ところで、また都から遠く離れている人々も王のことばを聞くと、やはり役所を退いて相談して、「自分たちはこれまで遠く離れているので重く用いられる望みはないと思っていたが、いまや王は、正義の人であれば遠くにいる者でもかまわずに挙げ用いるといわれる。してみると、われわれも正義を行なわなければならない」といった。このようにして、都から離れた辺地の臣下たち、宮中の警備にあたる貴族の部屋住みの子弟たち、はては都城の中に住む庶民や四方遠方の民《たみ》くさに及ぶまで、それぞれ王のことばを聞いて、みな争って正義を行なうようになった。これはいったいどうしたわけであろうか。

こたえはこうである。上の君主が下の者を使う手段はただ一つのこと、すなわち正義を標準とすることであり、下の者が上の君主につかえる手段もただ一つのこと、すなわち正義を標準とすることで、よくその要点をおさえているからである。たとえてみると、金持は高い塀《へい》や奥深い建物を持っているが、その建物や塀を作ったときにただ一つの出入口をあけるだけにしておくと、どろぼうが忍びこんでも、その忍びこんだ入口を閉じて探索すると、そのどろぼうはもはや逃げられなくなるというようなものだ。これはいったいどうしたわけであろうか。それは、上に立つ者がかんじんなところをおさえているからである。

〈義〉正義、信条、道理などと訳すことができる。墨子は従来の一般的な社会的通念を破って、新しい自己の主張をつらぬくために、特に「義」を強調した。

〈遠鄙郊外の臣〉遠鄙は国都から離れた町、郊外は国都周辺百里の外。遠方の都邑に勤務する臣下のことをいう。

〈門庭の庶子〉宮廷の宿衛にあたる貴族の子弟で、まだ正式に任命されない者。門庭というのは、宮廷内部の警備区域。

（1）「謹」は「僅」と音がひとしく通用する。

三　故《ゆえ》に古者《いにしえ》、聖王の政を為《な》すや、徳を列《つら》ねて賢を尚《とうと》ぶ。農と工肆《こうし》とに在《あ》るの人と雖《いえど》も、能《のう》あれば則《すなわ》ちこれを挙《あ》げ、高くこれに爵《しゃく》を予《あた》え、重くこれに禄《ろく》を予え、これに任ずるに事を以《もっ》てして断じてこれに令を予う。曰わく、爵位高からざれば則ち民敬せず。蓄禄厚からざれば則ち民信ぜず。政令断ならざれば則ち民畏《おそ》れず。三者を挙げてこれを賢者に授くるは、賢なるが為《ため》に賜《たま》うに非《あら》ざるなり。其《そ》の事の成るを欲《ほっ》すればなり、と。

故に是《こ》の時に当たりては、徳を以て列《くらい》に就《つ》け、官を以て事を服《おこ》なわしめ、労を以て賞を殿《さだ》め、功を量《はか》りて禄を分かつ。故に官に常貴なくして民に終賤なし。能あれば則ちこれを挙げ、能なければ則ちこれを下《くだ》す。公義を挙げて私怨《しえん》を辟《しり》ぞく、此若《こ》(1)の言の謂《いい》なり。

故に古者、堯《ぎょう》は舜《しゅん》を服沢《ふくたく》の陽《よう》より挙げ、これに政を授けて天下平らかなり。禹《う》は益《えき》を陰方の中《うち》より挙げ、これに政を授けて九州成《やわら》ぐ。湯《とう》は伊尹《いいん》を庖厨《ほうちゅう》の中より挙げ、これに政を授けて其の謀《はか》りごと得《え》たり。文王は閎夭《こうよう》・泰顚《たいてん》を罝罔《しょもう》の中より挙げ、これに政を授けて西土《せいど》服せり。故に是《こ》の時に当たりては、厚禄尊位に在るの臣と雖も敬懼《けいく》して施《おそ》(2)れざるはなく、農と工肆とに在るの人と雖も競《きそ》い勧《すす》みて徳を尚《たか》めざるはなし。

故に士は輔相承嗣《ほしょうじょうし》と為る所以《ゆえん》なり。故に士を得《う》れば則ち謀りごと困《くる》しまず、体《からだ》労せず。名立ちて功成り、美章《あら》われて悪生ぜざるは則ち士を得るに由《よ》るなり。是の故に子墨子言いて曰わく、意を得るも賢士は挙げざるべからず、意を得ざるも賢士は挙げざるべからず。尚《も》し(3)堯・舜・禹・湯の道を祖述《そじゅつ》せんと欲せば、将《すなわ》ち賢を尚《たっと》ばざるべからず。それ賢を尚ぶは政の本《もと》なり、と。

そこで、むかし聖王が政治をしたときには、徳のある者を位につけ、優秀な者を尊重した。農業や商工業に従事している者でも、能力さえあればそれを挙げ用い、高い爵位をさずけ、多くの俸禄を与え、政務に任じて断行すべき命令権を与えた。そして、「爵位が高くないと民衆は尊敬しない。俸禄が高くないと民衆は信用しない。政令が断行されないと民衆は服従しない。優秀な者にこの三つのものをすっかり与えるのは、その優秀さのために与えるのではない。政治をりっぱになしとげたいと願うからのことだ」といわれた。

したがってこの聖王の時代には、徳の高低によって位につけ、官職の内容にしたがって仕事を行なわせ、勤労の程度によって賞与を定め、功績をしらべて俸禄を与えた。だから、官についているからといっていつまでも貴い身分で居すわることがなく、また民衆だからといっていつまでも賤《いや》しい身分でおさえられることもない。能力があれば登用され、能力がなければしりぞけられるのである。「公共の道理にしたがって私的な怨《うら》みをすてる」ということばがあるが、ちょうどそのことばの主旨と同じである。

そこで、能力にしたがって抜擢《ばってき》した例をあげてみると、むかし堯《ぎょう》は遠い服沢《ふくたく》の北に住んでいた舜《しゅん》を登用し、彼に政治をさせて世界はよく治まった。また、夏《か》の王朝をひらいた禹《う》は、陰方に住んでいた伯益《はくえき》を登用し、彼に政治をさせて中国は平和になった。また、殷《いん》の王朝をひらいた湯《とう》は、宮廷の料理場にいた伊尹《いいん》を登用し、彼に政治をさせて夏の王朝を倒す謀《はか》りごとが成功した。また、周の文王は、漁猟の仕事をしていた閎夭《こうよう》や泰顚《たいてん》などを登用し、彼らに政治をさせて西方の蛮族たちが服従した。だから、こうしたりっぱな天子たちの時代には、高い俸禄で尊い位にある臣下でも、謹慎して恐れない者はなく、農業や商工業に従事する人たちでも、互いに競《きそ》いはげましあって、自分の徳を高めようとしない者はなかった。

そこで、士人というものは、君主の補佐官として政治を助けるためのものである。だから、りっぱな士人を臣下にできれば、謀りごとを立てるのもやさしいし、身体も安楽である。やがて名声がたって功業が完成し、美徳がひろまって悪事がなくなるのは、つまりりっぱな士人を臣下にできたからである。このようなわけで、墨子先生がおっしゃったことはこうである。「自分の思いどおりにいっているときにも、すぐれた士人は登用しなければならない。自分の思いどおりにいかないときにも、すぐれた士人は登用しなければならない。もしも、聖王の堯や舜や禹や湯の行なった政治をうけつぎたいと思うなら、やはり優秀な者を尊重しなければいけない。そもそも優秀な者を尊重することは、政治の基本である」

〈服沢の陽〉服沢は下文の「陰方」と同様に地名とされるが、場所はともに不明である。舜の伝説としては負夏《ふか》の人だというのがあり（例えば『孟子』）、服沢はこの負夏のことだともいわれる。負夏は負瑕とも書かれ、今の山東省の中にあったという。

〈文王は…〉文王は周の武王の父。高い徳によって周の勢力をもりあげ、暴虐な殷を倒す基礎を築いた聖人とされる。閎夭・泰顚は文王の賢臣とされるが、事績は不明。

〈罝罔〉罝は兎などを捕える網、罔は魚を捕える網で、猟人や漁師をさす。

〈輔相承嗣〉承と嗣は丞と司に同じ。みな君主を補佐する高官のこと。

(1)「此若」は「若」も「此」と同じ意味。「これこの」とも読めるが、二字で一義をあらわすとみるのがよい。

(2)「施」を「おそれる」と読んだのは兪樾《ゆえつ》の説。「惕」と同義だというが、問題がなくはない。

(3)「尚」を「かみ」と読んで古くさかのぼっての意味に読む説もあるが、「黨」の字と通用するという王引之の説にしたがった。

＊この尚賢篇の主張は、単に賢人を尊べというだけでなく、世襲的な貴族制に反対して、出身にとらわれない能力本位の抜擢をうったえる革命的な主張である。そして、この最後の一段（第三章）はその主旨が最もはっきりしている。「農と工肆とに在るの人と雖も、能あれば則ちこれを挙げ、……」というのは、士の階級よりさらに下の農工商に従事する民衆の登用を主張する点で、特に注目すべきことであり、また、「官に常貴なくして民に終賤なし——官無常貴、而民無終賤」というのも、貴族階級に独占されていた官職を民衆に解放せよと説くラディカルな主張として重要である。

聖人の堯が舜に天子の位を譲り、舜がまた禹に位を伝えたという禅譲《ぜんじょう》説話は、儒家の伝説として有名であるが、実はもともと墨家の主張であったといわれる。親から子に伝える血縁関係を否定して、能力本位で賢人を抜擢する主張がそこに見られるからである。

第十一　尚同《しょうどう》篇　上

社会秩序のためには、天子を頂点とする政治的階層制をうちたて、万人がその上位者にしたがって天子および天の命令に帰一すべきだと説く。なお、第十二尚同篇中・第十三尚同篇下は省略した。

一　子墨子《しぼくし》言いて曰《い》わく、古者《いにしえ》、民始めて生じ、未《いま》だ刑政あらざるの時、蓋《けだ》し其《そ》の語は人ごとに義を異《こと》にせり(1)。是《ここ》を以《もっ》て一人ならば則《すなわ》ち一義、二人ならば則ち二義、十人ならば則ち十義、其の人　茲《ますます》衆《おお》ければ、其の所謂《いわゆる》義なる者は亦《また》茲衆し。是を以て人は其の義を是《ぜ》として、以て人の義を非《ひ》とす、故《ゆえ》に交《こもごも》相《あい》非とするなり。是を以て内は父子兄弟、怨悪《えんお》を作《な》し、離散して相和合すること能《あた》わず。天下の百姓《ひゃくせい》、みな水・火・毒薬を以て相虧害《きがい》し、余力あるも以て相労せず、余財を腐死《ふきゅう》せしむるも以て相分かたず、良道を隠匿《いんとく》して以て相教えざるに至る。天下の乱るること禽獣《きんじゅう》の若《ごと》く然《しか》り。

夫《そ》れ天下の乱るる所以《ゆえん》の者を明らかにするに、正長なきに生ずるなり。是の故に天下の賢可なる者を選択し、立てて以て天子と為《な》す。天子立つも其の力を以て未だ足《た》らずと為し、また天下の賢可なる者を選択し、これを置立して以て三公と為す。天子・三公既《すで》にすでに立つも、天下を以て博大と為し、遠国異土の民、是非《ぜひ》利害の弁、一二にして明知すべからず。故に万国を画分《かくぶん》して諸侯・国君を立つ。諸侯・国君既にすでに立つも、其の力を以て未だ足らずと為し、また其の国の賢可なる者を選択し、これを置立して以て正長と為す。

墨子先生がおっしゃったことばは、次のようである。

むかし、人間がはじめてこの世に生まれ、まだ政治の体制が整わなかった時代には、思うに人々の語ることはそれぞれ違った正義によっていた。したがって一人いると一つの正義があり、二人いれば二つの正義があり、十人いれば十の正義があることになって、その人間が多ければ多いほど、彼らのいう正義の数も多くなった。そこで人々は自分の思うことを正しいと認めて、他人の正義を認めようとしない。だから、互いに相手を非難しあった。そこで、身近なところでは、親子兄弟の間でさえ怨み憎む心を持ち、離ればなれになって互いに和合することができない。こうして世界じゅうの人々は、すべて水攻め・火攻め・毒薬などで互いに殺害しあい、たとい自分に余力があっても人を助けることをせず、あり余る財産があってむだにしていても人に分け与えることをせず、良い方法は隠して人に教えないというまでになった。世界じゅうの乱れ方は、まるで禽獣の世界のようであった。

さて、人々がかってな正義を持って、世界じゅうがこのように乱れた理由を考えてみると、それは政治の指導者のいないことに原因がある。そこで、世界じゅうの人々の中からすぐれた適当な人を選び出して、立てて天子とした。しかし、天子が立てられても一人の能力ではじゅうぶんではない。そこで、さらに世界じゅうの人々の中からすぐれた適当な人を選び出し、任命して三公の位につけた。天子と三公とがすでに立てられたが、世界は広大であって、風土の違った遠い国々の民衆のことや、善悪利害の区別のことなどは、簡単にははっきり知ることはできない。そこで、世界じゅうを多くの国に区分して、そこに諸侯や国君を立てた。諸侯や国君がすでに立てられたが、彼らの能力ではまだじゅうぶんではない。そこで、さらにその国の人々の中からすぐれた適当な人を選び出し、任命して政治の指導者としたのである。

〈三公〉天子を補佐する最高の位の臣。周では太師《たいし》・太傅《たいふ》・太保《たいほ》。

(1) 原文は「蓋其語人異義」であるが、兪樾《ゆえつ》は中篇と対照して、「蓋し其の語に曰わく、天下の人ごとに義を異にす」とあるのが正しいといい、また上文の「刑政」は「正長」の誤りであろうという。

＊尚同理論の序章である。一種の社会起原論と見てよい。「十人十義」の認識は、諸子百家の勃興しつつあった当時の現実と無関係ではないが、政治的指導者の必要性を説く前提として、まことに興味が深い。また天子より以下の選び方については、さきの尚賢理論をふまえた一種の契約説としてのおもかげがある。

二　正長既《すで》にすでに具《そな》わり、天子、政を天下の百姓《ひゃくせい》に発して言いて曰《い》わく、善と不善とを聞かば、みな以《もっ》て其《そ》の上《かみ》に告げよ。上の是《ぜ》とする所は必ずみなこれを是とし、非《ひ》とする所は必ずみなこれを非とし、上に過《あやま》ちあらば則《すなわ》ちこれを規諫《きかん》し、下に善あらば則ちこれを傍薦《ぼうせん》し、上同して下比《かひ》せざる者は、此《こ》れ上の賞する所にして下の誉《ほ》むる所なり。意《あるい》は若《も》し善と不善とを聞くも以て其の上に告げず、上の是とする所は是とすること能《あた》わず、上の非とする所は非とすること能わず、上に過ちあるも規諫せず、下に善あるも傍薦せず、下比して上同すること能わざる者は、此れ上の罰する所にして百姓の毀《そし》る所なり、と。上、此れを以て賞罰を為《な》すこと、甚《はなは》だ明察《めいさつ》にして以て審信《しんしん》なり。

是《こ》の故《ゆえ》に里長《りちょう》は里の仁人なり。里長、政を里の百姓に発して言いて曰わく、善と不善とを聞かば、必ず以て其の郷長《きょうちょう》に告げよ。郷長の是とする所は必ずみなこれを是とし、郷長の非とする所は必ずみなこれを非とせよ。若《なんじ》の不善の言を去って郷長の善言を学び、若の不善の行を去って郷長の善行を学ばば、則ち郷《きょう》は何の説あって以て乱れんや、と。郷の治まる所以《ゆえん》の者を察するに何ぞや。郷長は唯《ただ》能《よ》く郷の義を壱同《いちどう》す、是《ここ》を以て郷治まるなり。

郷長は郷の仁人なり。郷長、政を郷の百姓に発して言いて曰わく、善と不善とを聞かば、必ず以て国君に告げよ。国君の是とする所は必ずみなこれを是とし、国君の非とする所は必ずみなこれを非とせよ。若の不善の言を去って国君の善言を学び、若の不善の行を去って国君の善行を学ばば、則ち国は何の説あって以て乱れんや、と。国の治まる所以の者を察するに何ぞや。国君唯能く国の義を壱同す、是を以て国治まるなり。

国君は国の仁人なり。国君、政を国の百姓に発して言いて曰わく、善と不善とを聞かば、必ず以て天子に告げよ。天子の是とする所はみなこれを是とし、天子の非とする所はみなこれを非とせよ。若の不善の言を去って天子の善言を学び、若の不善の行を去って天子の善行を学ばば、則ち天下は何の説あって以て乱れんや、と。天下の治まる所以の者を察するに何ぞや。天子唯能く天下の義を壱同す、是を以て天下治まるなり。

政治の指導者がこのようにしてすっかり配置されると、天子は世界じゅうの民衆に政令を発布して宣言する。

「善《よ》いことでも善くないことでも、耳に入ったことはすべて自分たちの上位者に報告せよ。上の者が善しとすることは、きっとみなが善しと認め、上の者が善くないとすることは、きっとみなが善くないと認め、上の者がまちがっていたらはっきりと諫《いさ》め、民衆の中に善い者がおればひろく推薦し、上の者のいうとおりにして、下の者で徒党を組まないというのなら、これは上からは賞を与えられ、民衆からは誉めたたえられるものである。しかし反対に、もし善いこと善くないことが耳に入っても、自分たちの上位者に報告せず、上の者が善しとすることを善しとすることができず、上の者が善くないとすることも善くないとすることができず、上の者がまちがっていてもはっきり諫めず、民衆の中に善い者がいてもひろく推薦せず、下の者で徒党を組んで上の者のいうとおりにしないというのなら、これは上からは罰せられ、民衆からはつまはじきされるものである」

上位者は、この政令にもとづいて賞罰を行なうが、その事実の調査はすこぶるゆきとどき、実施はすこぶる確実である。

このようなわけで、里《むら》の指導者は里で恵み深く人望のある人がなるのである。里の指導者は政令を里の民衆に発布して宣言する。

「善いことでも善くないことでも、耳に入ったことはきっと自分たちの郷《さと》の指導者に報告せよ。郷の指導者が善しとすることはきっとみなが善しと認め、郷の指導者が善くないとすることは、きっとみなが善くないと認めよ。お前たちの善くないことばをやめて郷の指導者の善いことばを学び、お前たちの善くない行ないをやめて郷の指導者の善い行ないを学んでいけば、郷の秩序はいったいどうして乱れることがあろうか」

郷の秩序がよく保たれる理由は何か、よく考えてみよう。それは、郷の指導者が郷中の正義を一つに統一できるからにほかならない。それによって郷の秩序がよく保たれるのである。

郷の指導者は郷で恵み深く人望のある人がなるのである。郷の指導者は政令を郷の民衆に発布して宣言する。

「善いことでも善くないことでも、耳に入ったことはきっと国の君主に告げよ。国の君主が善しとすることはきっとみなが善しと認め、国の君主が善くないとすることは、きっとみなが善くないと認めよ。お前たちの善くないことばをやめて国の君主の善いことばを学び、お前たちの善くない行ないをやめて国の君主の善い行ないを学んでいけば、国の秩序はいったいどうして乱れることがあろうか」

国の秩序がよく保たれる理由は何か、よく考えてみよう。それは国の君主が国中の正義を一つに統一できるからにほかならない。それによって国の秩序がよく保たれるのである。

国の君主は国で恵み深く人望のある人がなるのである。国の君主は政令を国の民衆に発布して宣言する。

「善いことでも善くないことでも、耳に入ったことはきっと天子に報告せよ。天子が善しとすることはみなが善しと認め、天子が善くないとすることはみなが善くないと認めよ。お前たちの善くないことばをやめて天子の善いことばを学び、お前たちの善くない行ないをやめて天子の善い行ないを学んでいけば、世界の秩序はいったいどうして乱れることがあろうか」

世界の秩序がよく保たれる理由は何か、よく考えてみよう。それは、天子が世界じゅうの正義を一つに統一できるからにほかならない。それによって世界の秩序がよく保たれるのである。

〈規諫〉「規」は「正」の意味。正言によって諫《いさ》めること。

〈傍薦〉「傍」を「訪」と同じにみて、ひろくたずね求めて推薦することとする孫詒譲の説にしたがう。王念孫《おうねんそん》は「偏」と同じにみて、民衆がみなでこぞって推薦するのだという。

〈里〉聚落の最小単位。二十五家・五十家・七十二家・百家など、数は定説がない。

〈郷〉里の上の聚落の単位。里の十倍が郷だともいわれるが、諸説がある。

＊尚同理論の中心部は、たいへん専制的なにおいがする。民衆の世論のくみとられる要素は少ない。が、それは民衆の中の優秀者が抜擢されることによって救われるとしたのであろう。

三　天下の百姓、みな天子に上同するも、天に上同せざれば、則ち天の菑《わざわ》い猶未《なおいま》だ去らざるなり。今、夫《か》の(1)飄風《ひょうふう》苦雨の溱溱《しんしん》として至るが若《ごと》き者は、此《こ》れ天の百姓の天に上同せざるを罰する所以《ゆえん》の者なり。是《こ》の故《ゆえ》に子墨子の言に曰わく、古者《いにしえ》、聖王は五刑を為《つく》りて(2)以て其の民を治む。譬《たと》えば糸縷《しる》の紀《き》あり、罔罟《もうこ》の綱《こう》あるが若くにして、天下の百姓の其の上に尚同せざる者を連収する所以なり、と。

世界じゅうの民衆がすべて天子のいうとおりにしても、天の意思にしたがわないでおれば、まだ天災の起こる恐れがある。たとえば、あのつむじ風や長雨《ながあめ》がしきりにやってくるというようなことは、これこそ民衆が天の意思にしたがわないのを天が罰するためのことである。こういうわけで、墨子先生がおっしゃったことは次のようである。

むかし聖王は、五つの刑罰を定めてそれによって民衆を治めた。刑罰というものは、たとえば糸に糸口があり、網《あみ》にひき綱があるようなもので、世界じゅうの民衆の中で上の者のいうとおりにしない者を、すっかり捕えるための要具である。

〈五刑〉五種類の刑罰。墨（入れ墨）・劓《ぎ》（鼻そぎ）・剕《ひ》（足きり、刖《げつ》ともいう）・宮（去勢）・大辟《たいへき》（死刑）をいう。

（1）「夫」の字は原文では「天」とある。孫詒譲は中篇と対照して「天」字でよいというが、「今夫若……者」の構文に注目して、「夫」に改めるべきだという王念孫の説がすぐれている。これにより改めた。

（2）「為りて」の下に、原文では「請」の字がある。孫詒譲は「情」と同じにみて「まことに」と読むが、中篇と対照して不要の文字として除いた兪樾の説にしたがった。

＊天子の上に天の存在を考え、その意思に従えというこの章の主張は、そのまま天志篇の内容に連なっている。自然現象の災害を天罰と考え、それを模範として刑罰の合理性を説くこの立場は、『荀子』の天論篇で自然と人との分別を明確に強調する立場とは違って、古い迷信的な立場を思わせる。この篇は、天志篇とともに、『墨子』の中では必ずしも評判のよいものではない。

第十四 兼《けん》愛《あい》篇 上

社会の混乱の原因は、人々が互いに愛しあわないことにあるとして、我と人との分別を去って、ひろく人のためを考える博愛主義につけと説く。墨子の思想の中核である。なお、同主旨を説く第十五兼愛篇中・第十六兼愛篇下は省略した。

一 聖人は天下を治むるを以て事と為《な》す者なり。必ず乱の自《よ》りて起こる所を知りて、焉《すなわ》ち能《よ》くこれを治む。乱の自りて起こる所を知らざれば、則ち治むること能《あた》わず。これを譬《たと》うるに、医の、人の疾《やまい》を攻《おさ》むる者の如《ごと》く然《しか》り。必ず疾の自りて起こる所を知りて、焉ち能くこれを攻む。疾の自りて起こる所を知らざれば、則ち攻むること能わず。乱を治むること何ぞ独《ひと》り然らざらん。必ず乱の自りて起こる所を知りて、焉ち能くこれを治む。乱の自りて起こる所を知らざれば、則ち治むること能わず。聖人は天下を治むるを以て事と為す者なり。乱の自りて起こる所を察せざるべからず。

聖人は世界を平和に治めることを、自分の任務とする者である。世界を平和に治めるには、必ず混乱の起こる原因をわきまえるべきであって、それでこそはじめて混乱を収拾できるのである。

混乱の起こる原因がわからないようでは、混乱を収拾することはできない。たとえば、ちょうど医者が人の病気をなおそうとするようなもので、必ず病気の原因をわきまえてこそはじめて病気をなおせるが、病気の原因がわからないようではなおすことはできない。世界の混乱を収拾することにしても、きっと同じであろう。必ず混乱の起こる原因をわきまえてこそはじめて混乱を収拾できるが、混乱の起こる原因がわからないようでは、混乱を収拾することはできない。聖人は世界を平和に治めることを、自分の任務とする者である。どうしても混乱の起こる原因を考察しなければならない。

二　当《こころ》みに乱は何に自《よ》りて起こるかを察するに、相《あい》愛さざるより起こる。臣子の君父に孝ならざるは所謂《いわゆる》乱なり。子は自《みずか》ら愛して父を愛さず、故に父を虧《か》きて自ら利し、弟は自ら愛して兄を愛さず、故に兄を虧きて自ら利し、臣は自ら愛して君を愛さず、故に君を虧きて自ら利す。此《こ》れ所謂乱なり。父の、子に慈ならず、兄の、弟に慈ならず、君の、臣に慈ならずと雖《いえど》も、此れ亦《また》天下の所謂乱なり。父は自ら愛して子を愛さず、故に子を虧きて自ら利し、兄は自ら愛して弟を愛さず、故に弟を虧きて自ら利し、君は自ら愛して臣を愛さず、故に臣を虧きて自ら利す。是《こ》れ何ぞや。みな相愛さざるより起これり。

天下の盗賊を為《な》す者に至ると雖も亦然り。盗は其の室を愛して異室を愛さず、故に異室を窃《ぬす》みて以て其の室を利す。賊は其の身を愛して人の身を愛さず、故に人の身を賊《そこな》いて以て其の身を利す。此れ何ぞや。みな相愛さざるより起これり。
大夫《たいふ》の、家を相乱し、諸侯の、国を相攻《せ》むる者に至ると雖も、亦然り。大夫は各《おのおの》其の家を愛して異家を愛さず。故に異家を乱して以て其の家を利す。諸侯は各其の国を愛して異国を愛さず。故に異国を攻めて以て其の国を利す。天下の乱物、此《ここ》に具《そな》わるのみ。此れ何に自りて起こるかを察するに、みな相愛さざるより起これり。

そこで、社会的な混乱が何を原因として起こるのかを考察してみると、それは他人を愛さないことから起こっている。君主や父親に対して臣下や子供が無礼《ぶれい》を働くのが、いわゆる混乱である。子はわが身を愛して父を愛さないから、父を犠牲にしてわが利益をはかり、弟はわが身を愛して兄を愛さないから、兄を犠牲にしてわが利益をはかり、臣はわが身を愛して君を愛さないから、君を犠牲にしてわが利益をはかる。これがいわゆる混乱である。ところがまた逆に、父が子に無慈悲であり、兄が弟に無慈悲であり、君が臣に無慈悲であるというのも、やはりひろくいわれている混乱である。父がわが身を愛して子を愛さないから、子を犠牲にしてわが利益をはかり、兄がわが身を愛して弟を愛さないから、弟を犠牲にしてわが利益をはかり、君がわが身を愛して臣を愛さないから、臣を犠牲にしてわが利益をはかる。これはどうしたことか。みな他人を愛さないことから起こっているのである。

ところで、この世の中でどろぼうや傷害を働く者があるということについてみても、やはり同じである。どろぼうはわが家を愛して他人の家を愛さないから、他人の家で盗みを働いてわが家の利益をはかり、人を傷害する者はわが体を愛して他人の体を愛さないから、他人の体に傷害を加えてわが体の利益をはかる。これはどうしたことか。みな他人を愛さないことから起こっているのである。

さて、また大夫《たいふ》たちが互いに相手の家を乱し、諸侯たちが互いに相手の国を攻撃するということについてみても、やはり同じである。大夫はそれぞれわが家を愛して他人の家を愛さないから、他人の家を乱してわが家の利益をはかり、諸侯はそれぞれわが国を愛して他国を愛さないから、他国を攻撃してわが国の利益をはかる。世界の混乱したことがらはすべて以上で尽くされる。これらのことがらが何を原因として起こるのかを考察してみると、それは、他人を愛さないことから起こっているのである。

〈愛〉墨子のいう愛は、今日の語感からくるような精神的なものではない。利害と結びついて説かれているように、相手を尊重して、その利益をはかる行動をともなっている。相手の「ためにはかる」とか、相手の「身になる」とか、相手を「大事にする」などという訳語も考えられる。

〈孝〉本来、子が親に仕える徳をいうが、ここでは、臣子弟と君父兄の間をあわせて、ひろく目下《めした》の者が目上の者に対する恭順な態度をさしている。

〈大夫〉諸侯の重臣。

三　若《も》し天下をして兼《か》ねて相愛《あい》し、人を愛すること其の身を愛するが若《ごと》くならしめば、猶《なお》不孝の者あらんか。父兄と君とを視《み》ること其の身の若くんば、悪《いずく》んぞ不孝を施さん。猶不慈の者あらんか。子弟と臣とを視ること其の身の若くんば、悪んぞ不慈を施さん。故《ゆえ》に不孝不慈あることなし。猶盗賊あらんか。人の室を視ること其の室の若くんば誰《たれ》か窃《ぬす》まん。人の身を視ること其の身の若くんば誰か賊《そこな》わん。故に盗賊あることなし。猶大夫《たいふ》の、家を相乱し、諸侯の、国を相攻むる者あらんか。人の家を視ること其の家の若くんば誰か乱さん。人の国を視ること其の国の若くんば誰か攻めん。故に大夫の、家を相乱し、諸侯の、国を相攻むる者あることなし。

若《も》し天下をして兼ねて相愛さしめば、国と国と相攻めず、家と家と相乱さず、盗賊あることなく、君臣父子みな能《よ》く孝慈ならん。此《か》くの若くならば則ち天下治まる。故に聖人は天下を治むるを以て事と為《な》す者なり。悪んぞ悪《にく》むを禁じて愛を勧《すす》めざるを得ん。故に天下兼ねて相愛すれば則ち治まり、相悪めば則ち乱る。故に子墨子、人を愛することを勧めざるべからずと曰《い》えるは、此れなり。

もしも世界じゅうの人々がひろく互いに愛しあい、わが身を愛するのと同じように他人を愛するようにさせたならば、それでもなお無礼者《ぶれい》が出るであろうか。わが身に対するのと同じように父兄や君主に対するのだから、無礼な振舞いをどうしてすることがあろう。さらになお無慈悲な人が出るであろうか。わが身に対するのと同じように子弟や臣下に対するのだから、無慈悲な振舞いをどうしてすることがあろう。だから目下の無礼や目上の無慈悲はなくなるのである。

さらになおどろぼうや傷害を働く者が出るであろうか。他人の家をわが家と同じようにみなすのだから、だれが盗みを働こう。他人の体をわが体と同じようにみなすのだから、だれが傷害を加えよう。だからどろぼうや傷害事件もなくなるのである。

さらに大夫たちが互いに相手の家を乱し、諸侯たちが互いに相手の国を攻めるという事態がまだ起こるであろうか。他人の家をわが家と同じようにみなすのだから、だれが相手を乱そう。他国をわが国と同じようにみなすのだから、だれが相手を攻めよう。だから大夫たちが互いに相手の家を乱し、諸侯たちが互いに相手の国を攻めるという事態もなくなるのである。

してみると、もしも世界じゅうの人々をひろく互いに愛しあうようにさせたならば、国と国とは攻めあうことがなく、家と家とは乱しあうことがなく、どろぼうや傷害もなくなり、君臣父子のすべてが慈悲深く恭順になれるのである。そして、このようであれば、世界は平和に治まるのである。そこで、聖人は世界を平和に治めることを任務とする者であるから、当然のことながら、人々の憎しみを禁止して愛することを奨励する。こうして、世界は、ひろく愛しあえばよく治まるが、互いに憎みあえば乱れるのである。だから、墨子先生が「他人を愛することを奨励しなければならない」といわれたのは、このことなのである。

第十七　非《ひ》攻《こう》篇　上

兼愛説をふまえた戦争反対論である。当時の知識人たちが小悪を問題としながら、戦争という大量殺人を是認している盲点をついたもので、墨子の中心思想の一つといえる。なお、同主旨を説く第十八非攻篇中・第十九非攻篇下は省略した。

一　今、一人《いちにん》あり、人の園圃《えんぽ》に入りて其《そ》の桃李《とうり》を窃《ぬす》まば、衆聞きて則《すなわ》ちこれを非《ひ》とし、上《かみ》の政を為《な》す者得て則ちこれを罰せん。此《こ》れ何ぞや。人を虧《か》きて自《みずか》ら利するを以《もっ》てなり。人の犬豕鶏豚《けんしけいとん》を攘《ぬす》む者に至りては、其の不義また人の園圃に入りて桃李を窃むより甚《はなは》だし。是《こ》れ何の故ぞや。人を虧くこと愈《いよいよ》多きを以てなり。苟《いやし》くも人を虧くこと愈多ければ、其の不仁茲《ますます》甚だしく罪益《ますます》厚し。人の欄廏《らんきゅう》に入りて人の馬牛を取る者に至りては、其の不義また人の犬豕鶏豚を攘むより甚だし。此れ何の故ぞや。其の人を虧くこと愈多きを以てなり。苟くも人を虧くこと愈多ければ、其の不仁茲甚だしく罪益厚し。不辜《ふこ》の人を殺し其の衣裘《いきゅう》を拕《うば》い戈剣《かけん》を取る者に至りては、其の不義また人の欄廏に入りて人の馬牛を取るより甚だし。此れ何の故ぞや。其の人を虧くこと愈多きを以てなり。苟くも人を虧くこと愈多ければ、其の不仁茲甚だしく罪益厚し。

いま一人の男がいて、他人の果樹園に忍びこんでそこの桃や李《すもも》の実を盗んだとすると、人々はそれを聞いて非難し、上にあって政治を行なう人はその男をつかまえて罰するであろう。それはなぜであるか。他人に損害を与えて自分の利益をはかるからである。

ところで、他人の犬や鶏や大豚・小豚を盗むということになると、そのよくないことは、他人の果樹園に忍びこんで桃や李の実を盗むよりもいっそうひどい。それはどんな理由によるのか。他人に損害を与えることがいっそう大きいからである。もし他人に損害を与えることがいっそう大きければ、その薄情ぶりもいっそうひどいわけで、したがって罪もいよいよ重くなる道理である。さらに他人の廏舎《きゅうしゃ》に忍びこんで、人の馬や牛を盗み出すということになると、そのよくないことは、他人の犬や鶏や大豚・小豚を盗むよりもいっそうひどい。それはどんな理由によるのか。他人に損害を与えることがいっそう大きいからである。もし、他人に損害を与えることがいっそう大きければ、その薄情ぶりもいっそうひどいわけで、したがって罪もいよいよ重くなる道理である。さらにまた罪もない人を殺してその着物をはぎ取り戈《ほこ》や刀剣を奪い取るということになると、そのよくないことは他人の廏舎に忍びこんで馬や牛を盗み出すよりもいっそうひどい。それはどんな理由によるのか。他人に損害を与えることがいっそう大きいからである。もし他人に損害を与えることがいっそう大きければ、その薄情ぶりもいっそうひどいわけで、したがって罪もいよいよ重くなる道理である。
〈欄廏〉欄は家畜を飼育するかこい、廏はうまや。
〈衣裘〉衣は上衣、裘は冬の皮衣。

二 此《か》くの当《ごと》き(1)は天下の君子みな知りてこれを非《ひ》とし、これを不義と謂《い》う。今、大いに不義を為して(2)国を攻むるに至りては、則ち非とするを知らず、従いてこれを誉《ほ》めてこれを義と謂う。此《こ》れ義と不義との別を知ると謂うべけんや。

さて、以上のような事件は、世界じゅうの知識人はだれでもそれを知ったなら非難し、それをよくないことだという。ところが、いま他国を攻撃するという大きな不正義を働くものについては、それを非難することを知らず、かえって追従《ついしょう》してそれを誉めたたえて正義であるといっている。これでは、正義と不正義との区別をわきまえているといえようか。

(1)「当」を「如」と同じに読むのは王引之の説。『経伝釈詞』にみえる。
(2)「大いに不義を…」は原文では「大為攻国」であるが、後文によって「為」の下に「不義」の二字を補った。

三 一人を殺さばこれを不義と謂《い》う。必ず一の死罪あり。若《も》し此の説を以《もっ》て往《ゆ》かば、十人を殺さば不義を十重《ちょう》す。必ず十の死罪あり。百人を殺さば不義を百重す。必ず百の死罪あり。此《か》くの当《ごと》きは天下の君子みな知りてこれを非とし、これを不義と謂う。今、大いに不義を為《な》して国を攻むるに至りては、則ち非とするを知らず、従いてこれを誉めてこれを義と謂う。情《まこと》に其の不義を知らざるなり。故に其の言を書して以て後世に遺《のこ》す。若し其の不義を知らば、夫《そ》れ奚《なん》の説ありてか其の不義を書して以て後世に遺さんや。

いま一人の人間を殺害すると、それを不正義として、きっと一つの死刑の罪があてられる。もし、この道理をすすめてゆけば、十人を殺害すると十の不正義をかさねたことになって、きっと十の死刑の罪が適用され、百人を殺害すると百の不正義をかさねたことになって、きっと百の死刑の罪が適用されるわけである。こうした事件は、世界じゅうの知識人はだれでもそれを知ったなら非難し、それをよくないことだという。ところが、いま、他国を攻撃するという大きな不正義を働くものについては、それを非難することを知らず、かえって追従《ついしょう》してそれを誉めたたえて正義であるといっている。他国を攻撃するのが不正義であるということを、本当に知らないのである。だから、攻撃をすすめるようなことばを書きつらねて、後世に伝えるようなこともするのである。もしそれが不正義だとわかっていたら、そんなよくないことを書きつらねて後世に伝える理由はないはずである。

＊非攻篇は、この章に入ってその中心的な主張を展開する。一人の人間を殺した者が死刑になる

のに、戦争を起こして大虐殺を行なった者がかえって栄誉をになうというのはなぜか。墨子の論理は鋭く、そして新鮮である。篇のはじめからここまで読み進んでくると、第一章の比喩の巧みさと、論理のつみ上げの重厚さとが、力強いものとして迫ってくる。歯切れのよい明快な思考といってよいであろう。

四　今、此《ここ》に人あり、少しく黒きを見て黒しと曰《い》い、多く黒きを見て白しと曰わば、則ち必ず此《こ》の人を以て白黒の弁《べん》を知らずと為《な》さん。少しく苦《にが》きを嘗《な》めて苦しと曰い、多く苦きを嘗めて甘しと曰わば、則ち必ず此の人を以て甘苦の弁を知らずと為さん。今、小《すこ》しく非を為さば則ち知りてこれを非とし、大いに非を為して国を攻むれば則ち非とするを知らず、従いてこれを誉めてこれを義と謂う。此れ義と不義との弁を知ると謂うべけんや。是《ここ》を以て天下の君子の、義と不義とを弁ずることの乱れたるを知るなり。

さて、ここにある人がいて、黒いものを少し見てそれを黒と認めながら、黒いものをたくさん見てそれを白といったとすれば、きっとその人には白と黒との区別がわからないのだと考えられるだろう。また、苦いものを少しなめてそれを苦いと認めながら、苦いものをたくさんなめてそれを甘いといったとすれば、きっとその人には甘いと苦いとの区別がわからないのだと考えられるだろう。ところで、いまほんの少しよくないことをしたときには、それを認めて非難するが、他国を攻撃するという大きな悪事を働く場合には、それを非難することを知らず、かえって追《つい》従《しょう》してそれを誉めたたえて正義であるといっている。これでは、正義と不正義との区別をわきまえているといえようか。以上のようなわけで、世界じゅうの知識人の正義と不正義との区別のしかたが、でたらめであることがわかるのである。

第二十　節用《せつよう》篇　上

消費の節約によって国富をはかろうとする主張である。実利を離れた贅沢《ぜいたく》を排除し、民衆の生活を安定して人口の増加をめざすことが説かれる。なお、第二十二節用篇下は本文原本が欠けて現存せず、第二十一節用篇中は省略した。

一　聖人、政を一国に為《な》さば一国倍《ばい》すべきなり。これを大にして政を天下に為さば天下倍すべきなり。其《そ》のこれを倍するは外に地を取るに非《あら》ざるなり。其の国家に因《よ》りて、其の無用の費を去れば、以てこれを倍するに足《た》る。聖王、政を為して、其の令を発し事を興《おこ》し、民を使い財を用うるや、用を加えざるに而《しか》も為す者《こと》なし。是《こ》の故に財を用うるに費《つい》やさず、民の徳は労せずして、其の利を興すこと多し。

聖人が一国の政治を行なったならば、その国の富を二倍にすることができる。さらにそれをひろげて全世界の政治を行なったとすれば、世界の富を二倍にすることができる。ただし、その富を二倍にするというのは、他国の土地を侵略してそうするのではない。その国家の事情に応じてそのむだな費用をはぶいてゆけば、じゅうぶん二倍にできるのである。そもそも聖王が政治を行ならにあたっては、政令を下したり、事業を起こしたり、民衆を使役したり、財貨を使ったりするのに、必ず実際の利益を増すことだけを実施する。したがって財貨の使い方にもむだがなく、民衆の生活にも苦労がなくて、大きな利益があがるのである。

〈民の徳〉「徳」は「得」と通ずる。民衆の持ち分、つまり生活というほどの意味。

二　其の衣裘《いきゅう》を為《つく》るは何ぞや。以為《おも》えらく、冬は以て寒を圉《ふせ》ぎ、夏は以て暑を圉ぐ、と。凡《およ》そ衣裘を為るの道は、冬は温を加え夏は凊《せい》を加うる者なり。鮮且《せんしょ》(1)にして加えざる者はこれを去る。其の宮室を為るは何ぞや。以為えらく、冬は以て風寒を圉ぎ、夏は以て暑雨を圉ぎ、盗賊ありて固《こ》を加うる者なり、と。鮮且にして加えざる者はこれを去る。其の甲盾《こうじゅん》・五兵を為るは何ぞや。以為えらく、以て寇乱《こうらん》・盗賊を圉ぐ、と。若《も》し寇乱・盗賊あらば、甲盾・五兵ある者は勝ち、なき者は勝たず。是の故に聖人は甲盾・五兵を作為《さくい》す。凡そ甲盾・五兵を為るの道(2)は、軽くして利、堅《かた》くして折れ難《がた》きを加うる者なり。鮮且にして加えざる者はこれを去る。其の舟車を為るは何ぞや。以為えらく、車は以て陵陸《りょうりく》を行き、舟は以て川谷《せんこく》を行き、以て四方の利を通ず、と。凡そ舟車を為るの道は、軽くして利なるを加うる者なり。鮮且にして加えざる者はこれを去る。凡そ其の此の物を為るや、用を加えざるに而《しか》も為ることなし。是の故に財を用うるに費やさず、民の徳は労せずして、其の利を興すこと多し。

いったい衣服は何のためにつくるのか。おもうにそれは、冬には寒さをしのぎ、夏には暑さを防ぐためである。したがって、一般に衣服をつくる原則は、冬には温かさを増し、夏には涼しさを増すことである。きらびやかで実用的でないものはやめてつくらない。また家屋は何のためにつくるのか。おもうにそれは、冬には風や寒さを防ぎ、夏には雨や暑さをしのぎ、さらに盗賊の侵入に備えるためである。きらびやかで実用的でないものはやめてつくらない。

またよろいや楯《たて》や五種の武器は何のためにつくるのか。おもうにそれは、戦乱や盗賊を防ぐためである。もし戦乱や盗賊があった場合には、よろいや楯や五種の武器を持っている者は勝てるが、持っていない者は勝てない。そういうわけで、聖人もよろいや楯や五種の武器をつくるのである。したがって、一般によろいや楯や五種の武器をつくる原則は、軽くて鋭く、堅くて折れない性質を増すことである。きらびやかで実用的でないものはやめてつくらない。また舟や車は何のためにつくるのか。おもうにそれは、車で丘をこえ平野を行き、舟で川を渡り谷を進んで、四方の物産を流通させるためである。したがって、一般に舟や車をつくる原則は、軽くて便利な性質を増すことである。きらびやかで実用的でないものはやめてつくらない。

およそこうした物をつくる場合には、必ず実際の利益を増すものだけをつくる。したがって財貨の使い方にもむだがなく、民衆の生活にも苦労がなくて、大きな利益があがるのである。

〈五兵〉五種の武器。『周礼《しゅらい》』の注によると、戈《か》（ほこ）・殳《しゅ》（刃のない杖ほこ）・戟《げき》（ほこの一種、柄の先端に横刃が二つついている）・酋矛《しゅうぼう》（長さ二丈のほこ）・夷矛《いぼう》（長さ二丈四尺のほこ）というが、ここもそれであるかどうかは必ずしも明らかでない。上の「甲盾《よろいたて》」とあわせて武器のすべてとみておいてよかろう。

（1）原文では「芊組」とあって読めない。畢沅は「鮮」の一字が誤ったものとみて「すこしでも加えざる者は」と読む。洪頤煊《こういけん》は中篇の文から考えて「則ち止む」の誤りだとして上の句につづけて読むが、字形が違いすぎる。兪樾は「鮮且」の誤りとみ、孫詒譲も「鮮冠組纓《せんかんそえい》」ということばのあるのをあげて、兪説に賛成する。「鮮且」は五色を合わせたあざやかな色。いまそれにしたがうが、なお落ち着きはよくない。

（2）「之道」の二字は原文にない。上下の文から考えると、もとはあったに相違ないから補った。

＊墨子の実利主義的な立場がよくうかがえる。実利実用の範囲を少しでもこえたものは、すべて否定されるのである。そして、それは後文で明らかなように、民衆の生活を安定させるためであった。実用をこえた贅沢《ぜいたく》は、結局王侯貴族のものであるから、墨子の立場はこの点でも民衆の側にある。節用が、経費のきりつめだけを説く単純な倹約主義ではないこと、またそれを民衆に強《し》いるのでなく、支配層にむかって説いていることは、注目すべきことである。

三　また大人《たいじん》の好み聚《あつ》めたる珠玉《しゅぎょく》・鳥獣・犬馬を去り、以て衣裳《いしょう》・宮室・甲盾《こうじゅん》・五兵・舟車の数を益《ま》さば、数に於《お》いて倍せんか。若《こ》れ則《すなわ》ち難《かた》からず。故に孰《いず》れをか倍し難しと為《な》す。唯《ただ》人のみ倍し難しと為す。然《しか》れども人にも倍すべきあるなり。昔者《むかし》、聖王は法を為《つく》りて曰《い》わく、丈夫《じょうふ》は年二十とならば敢《あ》えて家を処《お》かざることなかれ。女子は年十五とならば敢えて人に事《つか》えざることなかれ、と。此れ聖王の法なり。聖王既《すで》に没《ぼっ》し、ここに民次《ほしい》(1)ままなり。其の蚤《はや》く家を処かんと欲《ほっ》する者は、所《とき》(2)ありて二十年にして家を処き、其の晩《おそ》く家を処かんと欲する者は、所《とき》ありて四十年にして家を処く。其の蚤きと其の晩きとを以て相翦《あいのぞ》かば、聖王の法に後《おく》るること十年なり。若《も》し純《みな》三年にして字《はら》まば、子の生まれること以て二三人なるべし。此れ惟《ただ》に民をして蚤く家を処かしむるのみならず、而《しか》も以て倍すべきか。

さらにまた、上に立つ人が愛玩用に集めた珠玉や鳥獣、犬馬などを除いて、その費用で衣服や家屋、もろもろの武器、舟車などの数を増していけば、その数は二倍にもなるであろう。これは決してむずかしいことではない。してみると、二倍にするのがむずかしいのは何であろうか。ただ人口を二倍にふやすことだけがむずかしい。しかし、人口の場合でも二倍にふやす方法はある。むかし聖王は次のようなきまりをつくった。

「男は二十歳になれば結婚して家を構えなければいけない。女は十五歳になれば嫁に行かなければいけない」

これが聖王のきめたことである。ところが聖王がいなくなってからは、民衆は気ままにふるまうようになった。早く結婚したいと思う男は、ある場合は二十歳で結婚し、おそく結婚したいと思う男は、ある場合には四十歳で結婚する。早婚と晩婚とを除いて平均するとほぼ三十歳になって、聖王がきめた年よりも十年おそい。もしすべての人が三年ごとに身ごもったとすると、十年間では二、三人ずつ子供が生まれることになる。こういうわけで、聖王のきめたことにしたがえば、民衆に早く結婚して家を構えさせるばかりでなく、さらに人口を二倍にふやせるであろう。

〈珠玉〉珠は水中に生じた真珠などのたま。玉は山に生じた宝石。

〈丈夫は年二十…〉『韓非子』外儲説右下篇には、斉の桓公の政令として同じことがみえている。『国語』越語では女子は十七、男子は二十歳で結婚しなければ、父母が罰せられるとあり、『周礼』媒氏の条では男は三十、女は二十という。

(1)「次」は「恣」と同じ。放恣の意味。

(2)「所」を「時」と同じに読むのは王念孫の説。王引之の『経義述聞』左伝昭公三十一年の条に詳しいことがみえる。

＊まとまった人口増加論として特色のある部分である。節用論が人口増加論を展開するのは逆の感じが持たれるかもしれないが、生産の担当者としての民衆の役割を考えると、それはそのまま国家の富強に連なるものであった。しかし、それはむしろ支配層を説得するためのことで、墨子の真のねらいは、節用の目的とする民衆生活の安定であった。これにつづく文章がそれを証明している。

四　且《か》つ惟《ただ》に此《こ》れを然《しか》りと為《な》すのみならず。今、天下の政を為す者、其の人を寡《すく》なくする所以《ゆえん》の道多し。其の民を使うこと労く、其の籍斂《せきれん》すること厚く、民財足《た》らずして凍飢《とうき》して死する者、勝《あ》げて数うべからざるなり。且つ大人《たいじん》は惟《ただ》師を興して以て隣国《りんごく》を攻伐し、久しき者は終年、速《はや》き者も数月、男女久しく相見《あいまみ》えず。此れ人を寡なくする所以の道なり。居処《きょしょ》安からず、飲食時《とき》ならざるが与《ため》に疾病《しっぺい》を作《おこ》して死する者と、また侵就僾橐《しんしゅうえんたく》(1)し攻城野戦するが与に死する者と、勝げて数うべからず。此れ今の政を為す者の、人を寡なくする所以の道は、数術にして起こるにあらずや。聖人の政を為すや、特に此れなし。此れ聖人の、政を為して其の人を衆《おお》くする所以の道も、また数術にして起こるにあらずや。故に子墨子曰わく、無用の費を去るは、聖王の道にして天下の大利なり、と。

さらにこれだけのことではない。よく考えてみると、このごろ世界じゅうの為政者のあいだでは、逆に人口を減らすことになるような施策が多くとられている。民衆を過重な労役にかりたて、租税の取りたてを重くして、そのために民衆の生活費もじゅうぶんでなくなり、飢えこごえて死ぬ者が数えきれないありさまである。また上に立つ者はひたすらに軍を起こして隣国を攻撃し、長い戦争は一年じゅうつづき、短い戦争でも数ヵ月にわたり、そのために男女のあいだも久しく会えない。こういうのこそ、人口を減らすことになるような施策である。こうして、住所も落ち着かず、飲食も不規則であるために、病気をおこして死ぬ者や、武器をはこんで城攻め野戦のために死ぬ者は、数えきれないありさまである。
　してみると、人口を少なくさせているこのごろの為政者の施策は、それなりのきまったやり方から出ているのではないか。聖人の政治には決してそれがない。してみると、聖人の政治でみられる人口を増加するための施策も、やはりそれなりのきまったやり方から出ているのではないか。そこで墨子先生はいわれた。「むだな費用をはぶくのは、聖王の基本的な施策であり、世界の大利益である」

〈数術〉きまったやり方。当然に一定の結果がみちびき出される手段、方法という意味にとる。「いろいろの方法」という解釈がふつうであるが、落ち着かない。
（1）「侵就偯橐」の意味はよくわからない。ここでは、かりに読んだが、偯橐については、伏橐の誤りで、火攻め道具であろうという説がある。

第二十五　節葬《せっそう》篇　下

当時行なわれていたりっぱな葬儀や長い喪を、主として富国・衆民・秩序の維持の三利にそむくとして批判し、適度に節約すべきだと主張する。もちろんさきの節用論をふまえている。なお、第二十三節葬篇上・第二十四節葬篇中は本文原本が欠けて現存していない。

一　子墨子言いて曰《い》わく、仁者《じんしゃ》の、天下の為《ため》に度《はか》るや、これを辟《たと》うるに、以《もっ》て孝子の、親の為に度るに異《こと》なることなきなり。今、孝子の親の為に度るや、将《まさ》に奈何《いかん》せんとするや。曰わく、親貧しければ則《すなわ》ちこれを富ますことに従事し、人寡《すく》なければ則ちこれを衆《おお》くすることに従事し、衆の乱るれば則ちこれを治むることに従事す。其の此《ここ》に於《お》いてするに当たりてや、亦《また》力の足らず財の贍《た》らず智の知らざることありて、然る後《のち》に已《や》む。敢《あ》えて余力隠謀遺利《よりょくいんぼういり》を舎《お》きて、親の為にこれを為《な》さざることなし、と。若《こ》の三務の者は、孝子の、親の為に度るや、既《すで》に此《か》くの若《ごと》し。

仁者の、天下の為に度ると雖《いえど》も、また猶《なお》此くのごとし。曰わく、天下貧しければ則ちこれを富ますことに従事し、人民寡なければ則ちこれを衆くすることに従事し、衆の乱るれば則ちこれを治むることに従事す。其の此に於いてするに当たりてや、亦力の足らず財の贍らず智の知らざることありて、然る後に已む。敢えて余力隠謀遺利を舍きて、天下の為にこれを為さざることとなし、と。若の三務の者は、仁者の、天下の為に度るや、既に此くの若し。

墨子先生がおっしゃったことは次のようである。

恵み深い人格者が世界のために考えることは、たとえてみれば孝行息子が親のために心をくだくのと同じである。いま、孝行息子が親のために心をくだくのはどのようにするかといえば、親が貧乏であれば豊かにしようと努力し、一族の人数が少なければ多くしようと努力し、家族のあいだに乱れがあればそれを治めて秩序づけようと努力する。しかもその努力にさいしては、体力のかぎり財力のかぎり智力のかぎりを尽くして、どうしてもできないときにはじめてその努力をやめるのである。まだ余力があり、外に出さないよい考えもあり、隠した金もあるのに、それを出し惜しんで親のために尽くさないということはない。この三つの務めについて、孝行息子が親のために心をくだくことは、まことにかくもすばらしいものである。

ところで、恵み深い人格者が世界のために考えるのも、やはり孝行息子の場合と同じである。世界じゅうが貧乏であれば豊かにしようと努力し、民衆が少なければふやそうと努力し、民衆のあいだに乱れがあればそれを治めて秩序づけようと努力する。しかもその努力にさいしては、体力のかぎり財力のかぎり智力のかぎりを尽くして、どうしてもできないときにはじめてその努力をやめるのである。まだ余力があり、外に出さないよい考えもあり、隠した金もあるのに、それを出し惜しんで世界のために尽くさないというようなことはない。この三つの務めについて、恵み深い人格者が世界のために考えることは、まことにかくもすばらしいものである。

（1）原文は「人民寡」とある。高亭《こうきょう》『諸子新箋』の説にしたがって「民」の字を除いた。

＊節葬論の序章である。ここではまだ葬礼のことは出てこないが、世界の利益を考えるという大前提を設定して、このあとの論弁の布石とした。

二　今、昔者《むかし》の三代の聖王既《すで》に没し、天下は義を失うに至るに逮《およ》びては、後世《こうせい》の君子、或《ある》いは厚葬久喪《こうそうきゅうそう》を以《もっ》て、仁なり義なり孝子の事なりと以為《おも》えり。或いは厚葬久喪を以て、仁に非《あら》ず義に非ず孝子の事に非ずと以為えり。(1) この二子の者みな曰《い》わく、(2) 吾《われ》は上《かみ》、堯《ぎょう》・舜《しゅん》・禹《う》・湯《とう》・文・武の道を祖述する者なり、と。而《しか》るに言は即《すなわ》ち相非《あいひ》とし、行は即ち相反す。此《ここ》に於《お》いてか後世の君子、みな二子の者の言に疑惑《ぎわく》す。

若《も》し苟《いやし》くもこの二子の者の言に疑惑せば、然《しか》らば則《すなわ》ち姑《しば》らく嘗《こころ》みに伝《てん》じて(3)政を国家万民に為《な》さしめてこれを観《み》ん。厚葬久喪を計《はか》るに、奚《いず》れか此の三利の者に当たらん。我、意《おも》うに、若し其の言に法《のっと》り其の謀を用いしめて、厚葬久喪、実《まこと》に以て貧しきを富ませ、寡《すく》なきを衆《おお》くし、危うきを定め、乱を治むべくんば、此れ仁なり義なり孝子の事なり。人の為《ため》に謀《はか》る者、勧《つと》めざるべからざるなり。仁者は将《まさ》にこれを天下に興し、設置し、而《しか》して民をしてこれを誉めて、終《つい》に廃することなからしむるを求めんとす。

意うに亦《また》其の言に法り其の謀を用いしめて、厚葬久喪、実に以て貧しきを富ませ、寡なきを衆くし、危うきを定め、乱を治むべからざらんか、此れ仁に非ず義に非ず孝子の事に非ざるなり。人の為に謀る者、沮《はば》まざるべからざるなり。仁者は将にこれを天下より除き、措《お》き廃し、而して人をしてこれを非として終身《しゅうしん》為すことなからしむるを求めんとす。是の故に⑷天下の利を興して天下の害を除き、国家百姓《ひゃくせい》をしてこれ治まらざらしむることは、古《いにしえ》より今に及ぶまで、未《いま》だ嘗《かつ》てこれあらざるなり。

さて、むかしの夏《か》・殷《いん》・周《しゅう》の三王朝の聖天子がなくなって、世界の正義がわからなくなってしまってからというもの、後の時代の知識人たちのあいだでは、りっぱな葬儀をして長い喪《も》に服するのを、情の深い正しいことで、親孝行なことだと考える者があり、また反対に、りっぱな葬儀をして長い喪に服するのを、情の深いことでもなく、正しいことでもなく、親孝行なことでもないと考える者も出てきた。

そしてこの両者は、「われわれはむかしの聖天子、堯や舜や夏の禹王や殷の湯王や周の文王・武王などの正しい伝統をうけつぐ者だ」と、ともに主張している。しかし、そのことばでは互いに攻撃しあい、行動では互いに反対しているのである。したがって後の時代の知識人たちは、みなこの両者の主張に疑惑の念をいだいている。

そこで、もし本当にこの両者の主張に疑惑の念をいだくというのなら、しばらくためしに目を転じて、国家万民に対する政治という実践的な観点からそれを考えてみよう。すなわち、りっぱな葬儀や長い喪についてみて、どういう点がさきに述べた三つの利点に該当するであろうか。わたしが思うに、もしこの主張にしたがってその計画を実行してみて、りっぱな葬儀や長い喪が、本当に貧乏を豊かにし、少ない人口を増加させ、危険を救い、混乱を治めることができるならば、これは情の深い正しいことであり、親孝行なことだということになる。人のために心をくだく者としては、それこそきっと務むべきことであり、恵み深い人格者は、世界じゅうにその主張を振興して制度に定め、民衆がそれをほめたたえて永久に止めることのないようになることを希望するであろう。

しかし、また考えてみるに、この主張にしたがってその計画を実行してみて、りっぱな葬儀や長い喪が、本当に貧乏を豊かにし、少ない人口を増加させ、危険を救い、混乱を治めることができないというのなら、それは情の深いことでもなく、正しいことでもなく、親孝行なことでもないということになる。人のために心をくだく者としては、そんなことは必ず阻止《そし》すべきであり、恵み深い人格者は、その主張を世界じゅうから追放して実行をとりやめ、人々がそれを非難して生涯行なうことのないようになることを希望するであろう。こういうわけで、ともかく世界じゅうの利益になることを実施して、世界じゅうの害になることを除くということを中心とすべきであって、そのようにして国家万民がよく治まらないということは、むかしから今日まで、まだあったためしがないのである。

〈三代の聖王〉夏・殷・周の三王朝をひらいた聖王で、後文に出てくる禹・湯・文・武がそれにあたる。ふつう儒教の理想として有名であるが、墨子もまたそれをうけついだ。後文の仁義孝なども同じ。
〈此の三利の者〉前の章にみえた三利。国を豊かにし、民衆を多くし、秩序を保つことの三つである。
（1）原文では「非仁義」とあるが、後出の同文から考えて「非仁非義」と改めた。
（2）「この二子の者…」は、原文では「曰二子者、言即相非、行即相反、皆曰」とあるが、陶鴻慶《とうこうけい》『読諸子札記』の説を参照し、私の考えを加えて「之二子者皆曰」と改めた。「之二子者」はあとに用例がある。中間二句は後文の誤って重複したもの。
（3）この「伝」の字は「転」と通じる。
（4）「是故」の二字は、もと「且故」とあり、王念孫にしたがってこのように改めるのが通説である。ただ以下の文は上文との論理的な関連についてかなり問題があり、次の章のはじめの「何以知其然也」も落ち着きが悪い。いま、意味のとおる訳を考えたが、このあたりには脱文があることも考えられる。

＊墨子の論理構成は堂々としている。いわゆる厚葬久喪についての賛否の両方がここにあげられ、序章の前提にもとづいて世界の利益に合うものが生き残るべきだという。はたして厚葬久喪が世

界の利益に合致するかどうか。以下、その主張を吟味しながら、批判がすすめられてゆく。自分の反対意見を性急に先だてないですすめてゆくその議論はみごとである。

三　何を以て其の然《しか》るを知るや。今、天下の士君子《しくんし》、将《ほとん》ど猶《なお》多くみな厚葬久喪《こうそうきゅうそう》の、是非《ぜひ》利害に中《あ》たると為《な》すに疑惑す。故に子墨子言いて曰《い》わく、然らば則ち姑《しば》らく嘗《こころ》みにこれを稽《かんが》えん。今、雖《ただ》厚葬久喪を執《と》る者の言に法《のっと》りて、以て事を国家に為さんか。此れ王公大人《たいじん》の喪《も》ある者に存《あ》りては、棺椁《かんかく》は必ず重《かさ》ね、葬埋《そうまい》は必ず厚く、衣衾《いきん》は必ず多く、文繡《ぶんしゅう》は必ず繁《しげ》く、丘隴《きゅうろう》は必ず巨《きょ》にせよ、と曰わん。匹夫賤人《ひっぷせんじん》の死する者に存りては、家室を殆竭《たいけつ》せん。諸侯の死する者に存りては、庫府を虚《つく》して、然る後《のち》に金玉珠璣《しゅき》は身に比《あま》ねく、綸組《りんそ》節約して車馬は壙《あな》に蔵す。また必ず多く屋幕《おくばく》・鼎簋《ていき》(1)・几梴《きえん》・壺濫《こかん》・戈剣《かけん》・羽旄《うぼう》・歯革《しかく》を為《つく》り、挟《きょう》してこれを埋めて満意《みた》し、死を送ること徙《うつ》るが若《ごと》し。曰わく、天子諸侯の殉《じゅん》を殺すこと、衆《おお》き者は数百、寡《すく》なき者も数十、将軍大夫《たいふ》の殉を殺すこと、衆き者は数十、寡なき者は数人、と。

喪に処《お》るの法は将《まさ》に奈何《いかん》せんとするや。曰わく、哭泣《こくきゅう》は声嗌《せいえき》を秩《つね》にせず、縗絰《さいてつ》し垂涕《すいてい》して倚廬《いりょ》に処《お》り、苫《せん》に寝ね凷《かい》を枕《まくら》にし、また相率《あいひき》いて強《し》いて食《くら》わずして飢《うえ》を為し、衣を薄くして寒を為し、両目をして陥陬《かんしゅう》し、顔色をして黧黒《れいこく》にし、耳目をして聡明ならず、手足をして勁強《けいきょう》ならず、用うべからざらしむるなり、と。また曰わく、上士の喪を操《と》るや、必ず扶《たす》けて能《よ》く起《た》ち、杖《つえ》つきて能く行く。此れを以て共《つつし》むこと三年なり、と。

それでは、上に述べた二つの主張のどちらが正しいか、それはどうしてわかるであろうか。現に世界じゅうの知識人たちは、なおまだまだ多くの人々がりっぱな葬儀や長い喪《も》の善悪利害について判断に迷っているのである。

そこで墨子先生のおっしゃったことは次のようである。

それでは、しばらくためしに考えてみよう。いまりっぱな葬儀と長い喪を主張する人のことばにすっかりしたがって、それを国家で行なったと仮定しよう。そうすると、王侯貴族といった高位の人々が喪に服する場合には、「棺や椁《そとばこ》は必ず何重にもかさね、埋葬は必ず深く掘り、死者の着物やしとねは必ず多くし、棺の飾りは必ず豪華にし、墓の盛り土は必ず高くせよ」といわれるであろう。また身分の賤《いや》しい庶民が死んだ場合には、家の財産をすっかり使い果たしてしまうであろう。また諸侯が死んだ場合には、倉庫のたくわえをすべて出しきって、それによって金銀珠玉の飾りを死者のからだじゅうにまといつけ、美しいわた糸や組み紐《ひも》できちんとしばり、車や馬も墓穴に納めるであろう。またきっと幕や帳《とばり》、鼎《かなえ》や簋《き》、机や敷物、壺《つぼ》や水盤、ほこやつるぎ、鳥の羽や牛尾で飾った旗さしもの、象牙《ぞうげ》やなめし皮の細工品などをたくさん作り、それをまわりにならべて埋葬して、はじめて満足するであろう。死者を送るありさまは、まるで生きていてよそへ移転するときのようである。しかも、「天子や諸侯の殺す殉死者は、多いときは数百人、少ないときは数十人、卿《けい》や大夫《たいふ》の殺す殉死者は、多いときは数十人、少ないときは数人」といわれる。

葬儀については以上のようであるが、では、喪に服する方法は、どのようにするのであろうか。彼らにいわせると、「死者を悲しむ哭泣《こくきゅう》には、その声の出し方がふつうでなく、縗《さい》と絰《てつ》の喪服をつけてとめどなく涙を流し、仮り小屋に住んで苫《とま》むしろをしとねとして土塊《つちくれ》を枕とする。また、みなですすめて強《し》いて断食して飢えを味わい、薄着をして寒さを味わい、それによって姿かたちもおとろえて、顔色も黒ずみ、目はかすみ耳は遠く、手足はなえて役に立たないほどにする」という。また「上層の人士が喪に服すると、必ず人に助けられてはじめて立ちあがることができ、杖をついてはじめて歩くことができるというありさまになる。そして、そうした状態で三年のあいだを謹慎して過ごす」ともいう。


〈殆竭《たいけつ》〉殆は疲れ困《くる》しむさまをいう。竭は尽きる意。家財が乏しくなり尽きはてること。

〈珠璣《しゅき》〉珠はまるい真珠。璣は変形のたま。

〈鼎簋《ていき》〉鼎はかなえ。ふつう三足両耳の銅製の器。簋は穀物を盛る器で、ふつうは円形で木製。

〈濫〉鑑と同じ。冷水を入れて物を冷やす大きくひらたい器。

〈将軍〉孫詒譲は、当時、将軍に任命されるのが卿であったことから、ここは卿の意味だという。上に天子諸侯とあり、下に大夫とあるのからすると、それが正しい。

〈縗絰《さいてつ》〉縗は三年の喪のときに身につける麻の胸あて。絰は頭と腰にまく麻ひも。

〈倚廬《いりょ》〉かたむいたいおりの意味。三年の喪のときに家から離れて仮り住まいをするさしかけ小屋。

〈共《つつし》むこと三年〉「共」は「恭」と同じに読んだ。ここの服喪のありさまは、親と君に対する三年の喪のさだめにしたがっている。服喪には近親関係に応じた五等級があり、三年（斬衰《ざんさい》）、一年（斉衰《しさい》）、九月（大功）、五月（小功）、三月（緦麻《しま》）がそれで、三年の喪が最も重い。絶食については、斬衰の場合は三日、斉衰は二日、大功は三食などときめられている。そのほか、喪礼については『儀礼《ぎらい》』『礼記《らいき》』に詳しく、三年の喪の実施は儒家の最も強調するところであった。

（1）「鼎簋」はもと「鼎鼓」とあるが、種類があわない。于省吾《うせいご》の説にしたがって改めた。

四　若《も》し若《こ》の言に法《のっと》り若の道を行ない、王公大人《たいじん》をして此《こ》れを行なわしむれば、則《すなわ》ち必ず蚤《はや》く朝《ちょう》し晏《おそ》く退き、獄《ごく》を聴《き》き政を治むること能《あた》わず。士君子《しくんし》をして此れを行なわしむれば、則ち必ず五官六府を治め、草木を辟《ひら》き、倉廩《そうりん》を実《みた》すこと能わず。(1)農夫をして此れを行なわしむれば、則ち必ず蚤く出で夜《おそ》く入《い》り、耕稼樹芸《こうかじゅげい》すること能わず。百工をして此れを行なわしむれば、則ち必ず舟車を修め、器皿《きべい》を為《つく》ること能わず。婦人をして此れを行なわしむれば、則ち必ず夙《はや》く興《お》き夜《おそ》く寝《い》ね、紡績織紝《ぼうせきしょくじん》すること能わず。

厚葬を計《はか》るに、多く賦財《ふざい》を埋《うず》むる者と為《な》す。久喪を計るに、久しく事に従うことを禁ずる者と為す。財すでに成る者は、挟《きょう》してこれを埋め、後に生を得《う》る者は、而《すなわ》ち久しく禁ぜらる。此れを以て富まんことを求むるは、此れ譬《たと》えば猶《なお》耕を禁じて穫《かく》を求むるがごときなり。富まさんとするの説、得べきなし。是《こ》の故に以て家を富まさんと求むるは、而ち既《すで》にすでに不可《ふか》なり。

以て人民を衆《おお》くせんと欲するは、意《おも》うに可《か》なるか。其の説また不可なり。[2] 以て刑政を治めんと欲するは、意うに可なるか。其の説また不可なり。[2] 以て大国の、小国を攻むるを禁止せんと欲するは、意うに可なるか。其の説また不可なり。[2] 以て上帝鬼神の福を干《もと》めんと欲するは、意うに可なるか。其の説また不可なり。[2]

もしこうした主張にしたがってそのやり方を実行することになれば、王侯貴族の場合には、朝早くから暮れ方まで朝廷に出て訴訟をきき政務を処理するということが、きっとできなくなるであろう。高官の人々の場合にも、五官・六府の役所の仕事を処理し原野を開墾して食糧を豊かにするということが、きっとできなくなるであろう。また農民がそれを行なうことになれば、早朝から夜まで外にいて耕作や植えつけにはげむことが、きっとできなくなるであろう。また工人がそれを行なうことになれば、舟や車を作ったり器物の類をこしらえたりすることが、きっとできなくなるであろう。さらに婦人がそれを行なうことになれば、早朝から夜おそくまで糸をつむぎ織り物をする仕事が、きっとできなくなるであろう。

そこで、りっぱな葬儀についてよく考えてみると、それは集めた財物をたくさん埋めてしまうものである。また長い喪についてよく考えてみると、それは人々の仕事を長いあいだひきとめてしまうものである。それまでつくりあげた財産はすっかり死人といっしょに埋められ、生き残った人々は長いあいだ仕事をとめられる。こんなことをしていてそれで豊かになろうとするのは、これは、たとえば耕作を禁止しておきながら収穫を得ようとするようなものである。豊かにしようとする主張は、ここにはみられない。したがって、これによって家を豊かにしたいと思っても、とてもだめなことである。

では、これによって民衆を多くしようとすることは、はたしてできようか。それもまただめなことである。――では、これによって法律や行政をととのえようとすることは、はたしてできようか。それもまただめなことである。――では、これによって大国が小国を攻撃することを禁止しようとすることは、はたしてできようか。それもまただめなことである。――では、これによって上帝や鬼神からの福を受けようとすることは、はたしてできようか。それもまただめなことである。

〈五官六府〉役所の名称。『礼記』曲礼篇によると、五官は司徒・司馬・司空・司士・司寇の五つ。六府は司土・司木・司水・司草・司器・司貨の六つである。

〈上帝鬼神〉上帝は天に住む人格的な最高神。鬼神は上帝の意思にしたがって人間の行動を監視し、賞罰を下す存在。天の意思を尊重する墨子は（天志篇参照）、その意思の主体として祭祀の対象ともなる上帝を考え、鬼神の存在を主張した（明鬼篇参照）。

（1）「則ち必ず蚤く朝し…倉廩を実すこと能わず」の原文は、もと「則必不能蚤朝、五官六府、辟草木実倉廩」とあって、中間の文がない。兪樾・孫詒譲の説を参照しながら、非楽上篇のことばによって、「蚤朝」と「五官六府」とのあいだに、「晏退、聴獄治政、使士君子行此、則必不能治」の十七字を補った。

（2）下文を部分的に省略したが、省略した部分には、それぞれにその「不可《だめ》」な理由が述べられている。民衆を多くすることができないのは、上述の経済的理由のほかに、服喪による体力の衰えと男女の隔てとのためであり、以下の理由としては、いずれもこの経済力の低下と人口の減少とがあげられている。

五　故《ゆえ》に古《いにしえ》の聖王、葬埋《そうまい》の法を制為《せいい》して曰《い》わく、棺《かん》は三寸、以て体を朽《きゅう》するに足《た》り、衣衾《いきん》三領、以て悪を覆《おお》うに足り、以て其の葬に及びてや、下《しも》は泉に及ぶなく上《かみ》は臭《しゅう》を通ずるなく、壟《ろう》は参耕《さんこう》の畝《ほ》の若《ごと》くなれば則ち止《や》む。死者は既《すで》にすでに葬《ほうむ》れば、生者は必ず久喪することなく、而《しか》して疾《と》く事に従い、人ごとに其の能《よ》くする所を為《な》して、以て交《こもごも》相利するなり、と。此れ聖王の法なり。

今、厚葬久喪を執《と》る者の言に曰わく、厚葬久喪は以て貧しきを富ませ寡《すく》なきを衆《おお》くし、危うきを定め乱を治むべからざらしむと雖《いえど》も、然《しか》れども此れ聖王の道なり、と。子墨子曰わく、然《しか》らず。昔者《むかし》、堯《ぎょう》は北のかた八狄《てき》に教えて道に死し、蛩山《きょうざん》の陰に葬らる。衣衾三領、穀木《こくぼく》の棺にして、葛《かつ》以てこれを緘《かん》す。既に犯《へん》して後《のち》に哭《こく》し、坎《あな》を満たして封《ほう》なく、已《すで》に葬りて牛馬これに乗る。舜《しゅん》は西のかた七戎《じゅう》に教えて道に死し、南己《なんき》の市《し》に葬らる。衣衾三領、穀木の棺にして、葛以てこれを緘す。已に葬りて市人《しじん》これに乗る。禹《う》は東のかた九夷《い》に教えて道に死し、会稽《かいけい》の山に葬らる。衣衾三領、桐棺《とうかん》三寸にして、葛以てこれを緥《ほう》(1)す。地を掘るの深さは、下は泉に及ぶなく、上は臭を通ずるなく、既に葬りて余壌《よじょう》を其の上に収め、壟は参耕の畝の若くなれば則ち止む。若《も》し此《こ》若の三聖王者を以てこれを観《み》れば、則ち厚葬久喪は果《は》たして聖王の道に非《あら》ざるなり。故《もと》より三王者は、みな貴は天子となり、富は天下を有《たも》つ。豈《あに》財用の不足を憂《うれ》えんや。以て此《か》くの如きの葬埋の法を為《つく》れり。

そこで、むかしの聖王は、埋葬の規則を次のように定められた。「棺《かん》の用材は厚さ三寸で、死体が腐るまでもてばじゅうぶんであり、死人の着物やしとねは三枚で、みにくさを隠すだけでじゅうぶんである。いよいよ埋葬ということになると、下は地下の水脈にとどかない程度に掘り、上は悪臭がもれない程度に土をかぶせ、盛り土は三耦《ぐう》耕のうね――幅三尺・高さ一尺――の程度でやめる。そして、死者がすでに埋葬されてしまったら、あとに残った者は決して長い喪《も》には服さずにさっさと仕事にたずさわり、人それぞれにできることをして、互いに利益になることをしあう」と。これが聖王の定めた規則である。

ところでまた、りっぱな葬儀と長い喪を主張する人々は、「りっぱな葬儀を行なって長いあいだ喪に服するということは、貧乏を豊かにして少ない人口を多くし、危険を救って混乱を治めるには、あるいは役立たないかもしれない。しかし、たとえそうだとしても、これこそは聖王の定められた模範である」といっている。

墨子先生はそれに対して次のようにいわれた。

そうではない。むかし、堯《ぎょう》は北方の八つの異民族を教化しに出かけて、その道中でなくなり、蛩山《きょうざん》の北に埋葬されたが、その着物としとねは三枚で、腐りやすい楮《こうぞ》の木の棺に入れ、葛《くず》のつるでそれをしばった。棺を穴の中におとしてから大声に泣き叫ぶと、そのあと穴を埋めるだけで盛り土はせず、こうして埋葬が終わってしまうと、牛馬もその上を踏むというありさまであった。舜《しゅん》は西方の七つの異民族を教化しに出かけて、その道中でなくなり、南己《なんき》の町に埋葬されたが、その着物としとねは三枚で、楮の木の棺に入れ、葛のつるでそれをしばった。埋葬が終わってしまうと町の人々もその上を踏むというありさまであった。

また、禹《う》は東方の九つの異民族を教化しに出かけて、その道中でなくなり、会稽《かいけい》の山に埋葬されたが、その着物としとねは三枚で、厚さ三寸の腐りやすい桐《きり》の木の棺に入れ、葛のつるでそれをしばった。土を掘った深さは、下は地下の水脈にとどかない程度、上は悪臭がもれない程度であって、埋葬が終わると余った土をその上に集め、盛り土は幅三尺、高さ一尺のうねの程度に止《とど》めた。

もしこの三人の聖王の例について考えてみると、りっぱな葬儀と長い喪というのは、やはり聖王の定められた模範ではないのである。これら三人の王者は、もちろん天子の貴い身分にいて世界の富を所有したのであるから、葬儀の費用に不足する心配などは決してない。それでいて、こうした埋葬のきまりをつくったのであった。

〈参耕の畝〉孫詒讓の説によると、「三耦《ぐう》耕の畝」の意味で、一耦耕では幅一尺深さ一尺のうねになるから、三耦耕では幅三尺になるという。壟《ろう》すなわち墓塚の大きさが幅三尺、高さが一尺のうねの程度であることをいう。一尺は今の約二二・五センチメートルといわれる。

〈八狄・七戎・九夷〉『爾雅《じが》』釈地篇に「九夷八狄七戎六蛮、これを四海という」とあり、『礼記』曲礼篇に「東夷・北狄・西戎・南蛮」とあって、四方の異民族をさす。その数字は種族の数であるが、名称は一定せず、明らかでない。

〈蛩山の陰に葬らる〉蛩山は邛《きょう》山とも書かれる。堯の墓所としては済陰の城陽とか、穀林という伝説もある。

〈南己の市に葬らる〉原文は「南己之市」。別に紀市に葬られたという伝承があり、それと同じであろう。舜の伝説としては、鳴条《めいじょう》で死んで蒼梧《そうご》に葬られたというのが有名。

（1）このあと、原文では「絞之不合、通之不埳」の二句があるが、意味がよくわからないので省いた。

六　今、王公大人の葬埋を為《な》すは、則ち此れに異なる。必ず大棺中棺にして、革闠《かくき》三襍《そう》、璧《へき》玉《ぎょく》既《ことごと》く具《そな》え、戈剣《かけん》・鼎簋《ていき》・壺濫《こかん》、文繡《ぶんしゅう》・素練《それん》、大鞅《たいおう》(1)・輿馬《よば》・女楽《じょがく》みな具え、且《か》(2)つ必ず羨《えん》道《どう》を捶捈《すいじょ》し、壟《ろう》の雖《たか》きことは山陵に凡《なら》(3)う。此れ民の事を輟《や》め民の財を靡《つい》やすことを為す、勝《あ》げて計《はか》るべからざるなり。其の用なきを為すこと此《か》くの若《ごと》し。

是の故に子墨子曰《い》わく、郷者《さきに》、吾《わ》が本言に曰わく、意《おも》うに亦《また》其の言に法《のっと》りて其の謀を用いしめ、計るに、厚葬久喪は、請《まこと》に以て貧しきを富ませ寡《すく》なきを衆《おお》くし、危うきを定め乱を治むべくんば、則ち仁なり義なり孝子の事なり。人の為《ため》に謀《はか》る者は勧《つと》めざるべからざるなり。意うに亦其の言に法りて其の謀を用いしめ、若《こ》の人の厚葬久喪、実《まこと》に以て貧しきを富ませ寡なきを衆くし、危うきを定め乱を治むべからざらんか、則ち仁に非《あら》ず義に非ず孝子の事に非ざるなり。人の為に謀る者は沮《はば》まざるべからざるなり、と。

是の故に以て国家を富まさんことを求めて、甚《はなは》だ貧しきを得《え》、以て人民を衆くせんと欲《ほっ》して、甚だ寡なきを得、以て刑政を治めんと欲して、甚だ乱れたるを得、以て大国の小国を攻むるを禁止せんことを求めて、既にすでに不可、以て上帝鬼神の福を干《もと》めんと欲して、また禍《わざわ》いを得《う》。上《かみ》これを堯・舜・禹・湯・文・武の道に稽《かんが》うるに政《まさ》にこれに逆《さから》い、下《しも》これを桀《けつ》・紂《ちゅう》・幽《ゆう》・厲《れい》の事に稽うるに猶《なお》節を合するがごときなり。若《も》し此れを以て観《み》れば、則ち厚葬久喪は、其れ聖王の道に非ざるなり、と。

ところで、このごろの王侯貴族の葬儀は、これとは違っている。必ず外棺と内棺とをつくり、飾りのついた革《かわ》おおいで三重に包み、璧《へき》や玉《ぎょく》などの宝石をすっかりそろえ、ほこやつるぎ、鼎《かなえ》や簋《き》、壺や水盤、豪華な刺繡《ししゅう》の布や無地の練絹《ねりぎぬ》、りっぱな馬のむながい、車馬や楽器の類までみなそろえ、そのうえ必ず墓穴への通路は美しくととのえて、墓の盛り土は山や丘のように高くする。これでは、民衆の仕事を妨害し、民衆の財産を浪費することは、はかり知れないほどである。王侯貴族が無益なことをしているのは、このようである。

そこで、墨子先生は次のようにいわれた。

さきにわたしは、次のように基本的なことを述べておいた。「思うに、もしその主張にしたがいその計画を実行してみて、りっぱな葬儀や長い喪が本当に貧乏を豊かにし、少ない人口を増加させ、危険を救って混乱を治めることができるというのなら、それは情の深い正しいことであり、親孝行なことだということになる。人のために心をくだく者としては、それこそきっと務むべきことである。しかし、また考えるに、その主張にしたがい、その計画を実行してみて、それらの人々が行なっているりっぱな葬儀や長い喪が、本当に貧乏を豊かにし少ない人口を増加させ、危険を救って混乱を治めることができないということなら、それは情の深いことでもなく、正しいことでもなく、親孝行なことでもないということになる。人のために心をくだく者としては、そんなことは必ず阻止《そし》すべきことである」といったのである。

したがって、このりっぱな葬儀と長い喪の主張にしたがって、それで国家を豊かにしようと願っても、かえってはなはだしく貧困になり、民衆をふやしたいと思っても、かえってはなはだしく減少させ、法律や行政をととのえたいと思っても、かえってはなはだしく乱れることになる。また、大国が小国を攻撃することを禁止しようと願っても、もちろんだめだし、上帝や鬼神から福を受けたいと思っても、かえって禍《わざわ》いを受けることになる。堯や舜や禹王や湯王や文王・武王といった聖王の定めた規則に対照して考えてみると、それはまったく反対であり、他方で桀や紂や幽王・厲王といった暴君の事績に対照して考えてみると、それはちょうど割符をあわせたようにぴったりと一致する。こういうことから考えると、りっぱな葬儀と長い喪は、聖王の定めた規則ではないということになるのである。

〈革闠〉闠は鞼と同じ。『国語』の注に革《かわ》ひもを綴《と》じあわせて模様を出したものだという。孫詒譲はそれにもとづいて、革の棺で飾りのついたものをいうのであろうかとしている。

〈璧〉装飾用の一種の玉。ひらたくて丸い形、中央に穴があいていて、その穴の直径と同じ長さだけ周辺の幅がある。

(1)「大鞅」と「輿馬」とのあいだに原文では「万領」の二字があるが、意味がつづかない。大鞅というのもわからないことばで、ここには原文に誤りがあると思われる。

(2)「且」の字は原文では「曰」とあるが、高亨『諸子新箋』の説にしたがって改めた。

(3)ここの読み方は高亨にしたがった。「雖」は「堆」と通じ、「凡」は「方」と通じて、倣(ならう)の意味だという。

七　今、厚葬久喪を執《と》る者の言に曰《い》わく、厚葬久喪、果《は》たして聖王の道に非《あら》ざれば、夫《そ》れ胡《なん》の説ありてか、中国の君子、為《な》して已《や》めず操《と》りて択《お》かざるや、と。

子墨子曰わく、此《こ》れ所謂《いわゆる》其の習いを便《べん》として其の俗を義とする者なり。昔者《むかし》、越《えつ》の東に輆《ざい》沐《もく》の国なる者あり。其の長子生まるれば、則ち解きてこれを食《くら》い、これを弟に宜《よろ》しと謂《い》い、其の父死すれば、其の母を負いてこれを棄《す》てて曰わく、鬼《き》の妻は与《とも》に居処《きょしょ》すべからず、と。此れ上《かみ》以て政と為し、下《しも》以て俗と為し、為して已めず操りて択かず。則ち此れ豈実《あにまこと》に仁義の道ならんや。此れ所謂其の習いを便として其の俗を義とする者なり。

楚《そ》の南に啖人《たんじん》国なる者あり。其の親戚死すれば、其の肉を朽《は》ぎてこれを棄て、然《しか》る後《のち》に其の骨を埋め、乃《すなわ》ち孝子たるを成す。秦《しん》の西に儀渠《ぎきょ》の国なる者あり。其の親戚死すれば柴薪《さいしん》を聚《あつ》めてこれを焚《や》き、燻上《くんじょう》してこれを登遐《とうか》と謂う。然る後に孝子たるを成す。此れ上以て政と為し、下以て俗と為し、為して已めず操りて択かず。則ち此れ豈実に仁義の道ならんや。此れ所謂其の習いを便として其の俗を義とする者なり。

若《も》し此若《こ》の三国の者を以てこれを観《み》れば、則ち亦猶《またすで》に薄し。若し中国の君子を以てこれを観れば、則ち亦猶に厚し。彼の如くんば則ち大《はなは》だ厚く、此れの如くんば則ち大だ薄し。然らば則ち葬埋にはこれ節あり。故に衣食は人の生利なり。然れども且《か》つ猶尚《なお》節あり。葬埋は人の死利なり。夫れ何ぞ独《ひと》り此《ここ》に節なからんや。

ところでまた、りっぱな葬儀と長い喪を主張する人々は、「りっぱな葬儀と長い喪が、もし聖王の定めた規則でないというのなら、いったいまたどういうわけで、中国の知識人たちはそれを守りつづけて行なってきたのか。聖王の定めた規則だからこそ守りつづけているのではないか」といっている。

墨子先生はそれに対して次のようにいわれた。

それは、あの「きまった習慣を便利とし、一般の風俗を正しいとする」というのに当たることだ。むかし越《えつ》の東に輆沐《ざいもく》という国があったが、そこでは最初の子供が生まれるとその体をばらばらにして食べてしまい、それがあとから生まれる子供のためによいことだと考えていた。また父親が死ぬと、「亡者《もうじゃ》の妻といっしょに住むのはよくない」といって、母親を背負っていって棄ててしまった。上ではそれを政治にとりいれ、下ではそれを習俗として、守りつづけ行ないつづけていたが、これはとうてい本当の恵み深い正しい規範とはいえない。これがあの「きまった習慣を便利とし、一般の風俗を正しいとする」ということだ。

楚《そ》の南にはまた啖人《たんじん》国というのがあったが、そこでは両親が死んだときにはその肉をはぎとって棄て、そのあと残った骨だけを埋めて、それで完全な孝行者になるとした。また秦《しん》の西には儀《ぎ》渠《きょ》という国があったが、そこでは両親が死ぬと柴《しば》や薪《まき》を集めて死体を焼き、煙を空に上げてそれを登遐《とうか》すなわち昇天とよび、それによってはじめて完全な孝行者になるとした。上ではそれを政治にとりいれ、下ではそれを習俗として、守りつづけ行ないつづけていたが、これはとうてい本当の恵み深い正しい規範とはいえない。これもあの「きまった習慣を便利とし、一般の風俗を正しいとする」ということだ。

そこで、もしこれらの輆沐と啖人国と儀渠との三国の例でいえば、その葬儀はあまりに粗末である。しかし、中国の知識人たちの例でいえば、その葬儀はまたあまりにりっぱである。中国のようではりっぱすぎるし、三国のようでは粗末すぎるということであれば、埋葬のしかたにも適当な節度というものが必要なわけである。衣食は人の生きているときに役立つものであるが、それにさえなお節度がある。まして死んでから役に立つ埋葬に、いったい、またどうして節度がなくてすまされようか。


〈越〉揚子江の下流地方。春秋時代にはその名の国があったが、ここでは地方のよび名として使われている。

〈楚〉淮水《わいすい》上流の南から揚子江中流にかけての地方。やはり春秋時代にはその名の大国があった。

〈親戚〉古代では父母のことをいったという銭大昕《せんたいきん》の説にしたがう。

〈朽《は》ぎて〉「朽」を文字どおりに読んで、腐らせての意味にとる説もあるが、肉を剔《はぎと》ることとした孫詒讓の説がよい。

八　子墨子、葬埋の法を制為《せいい》して曰わく、棺は三寸、以《もっ》て骨を朽《きゅう》するに足《た》り、衣は三領、以て肉を朽するに足る。地を掘るの深さは、下《しも》は菹漏《しょろう》なく、気、上に発洩《はつえい》するなく、壟《ろう》は以て其の所に期するに足れば則ち止《や》む。往を哭《こく》し来を哭し、反《かえ》りて衣食の財に従事し、祭祀を佴《じ》し、以て孝を親に致《いた》す、と。故に、子墨子の法は死生の利を失わずと曰う者は、此れなり。故に子墨子言いて曰わく、今、天下の士君子、中請《まこと》に仁義を為《な》さんと将欲《ねが》い、上士たらんと求め、上《かみ》は聖王の道に中《あ》たらんと欲し、下《しも》は国家百姓の利に中たらんと欲す。故に節喪をこれ政と為すが当若《ごと》きは、而《すなわ》ち此れを察せざるべからざる者なり、と。

そこで、墨子先生は埋葬の規則を次のように定められた。

棺の用材は厚さ三寸で、死体の骨がくさるまでもてばよく、着物は三枚だけで、死体の肉がくさるまでもてばよい。墓穴の深さは、地下水でしめるほどに深くはせず、死体の臭気が地上に洩《も》れない程度にとどめ、墓の盛り土はその場所がわかればじゅうぶんということでやめる。死者の生前のことを思って大声をあげて泣き、今後のことを思って大声をあげて泣くと、それで墓場からかえってふだんの衣食の生産にしたがい、そのあとは祭祀を絶やさぬようにして、なくなった親への孝行をささげることにする。

だから、「墨子先生の定められた規則は、死者のためにも生きている者のためにも役立つ」といわれるのは、このことである。したがって、墨子先生はまた次のようにおっしゃった。「いま世界じゅうの知識人たちは、恵み深い正しいことを実行したいと心から願い、自《みずか》らりっぱな士人になろうと努め、上は聖王の定めた規範にかなうように、下は国家万民の利益にかなうようにありたいと思っている。してみると、葬儀を節約することを政治にとりいれるという問題は、じゅうぶん考慮する必要のあることである」

〈佴〉『説文《せつもん》』に「佽なり」とあり、孫詒譲は「次比の義」と解する。つぎつぎと行なって絶やさず、おろそかにしないことをいう。

＊部分的に文章の誤脱などのあることが考えられるが、全体として、世界の利益を中心として考えるその論理構成のみごとさが、よく理解できる。三年の喪を強調したのは儒家の特殊な主張であったが、一般に贅沢《ぜいたく》な葬儀を行なう風習は、祖先崇拝の強い中国としては根強いものがあった。墨子はただ無用の贅沢をやめよといっただけであるが、強い反感をかって、他の学派からは極端に粗末な葬儀を説く人のように理解され、はげしく攻撃された。『孟子』滕文公《とうぶんこう》章句下にもその一端がみえている。後世での墨子の評判も、これによって悪くなった。この主張が一般社会の風潮に反抗した独特のものであることが、理解できるであろう。

第二十六　天志《てんし》篇　上

天がこの世界の究極的な支配者であり、その天の志向するところは人間社会の正義であって、万民のしたがうべき規範がそこにあると述べる。なお、同主旨を説く第二十七天志篇中・第二十八天志篇下は省略した。

一　子墨子《しぼくし》言いて曰《い》わく、今、天下の士君子《しくんし》は小を知りて大を知らず。何を以《もっ》てこれを知る。其の家に処《お》る者を以てこれを知る。若《も》し家に処りて罪を家長に得《え》ば、猶隣家《なおりんか》にこれを避逃《ひとう》する所あり。然《しか》れども且《か》つ親戚兄弟、知識する所は、共に相儆戒《あいけいかい》してみな曰わく、戒めざるべからず。慎まざるべからず。悪《いず》くんぞ家に処りて罪を家長に得るに、而《しか》も為《な》すべきことあらん、と。独《ひと》り家に処る者のみ然《しか》りと為すに非《あら》ず。国に処ると雖《いえど》も亦《また》然り。国に処りて罪を国君に得《う》ば、猶隣国にこれを避逃する所あり。然れども且つ親戚兄弟、知識する所は、共に相儆戒してみな曰わく、戒めざるべからず。慎まざるべからず。誰《たれ》か亦国に処りて罪を国君に得《う》るに、而も為すべきことあらん、と。

此れ、これを避逃する所ある者なり。相儆戒すること猶此《か》くの若《ごと》く其れ厚し。況《いわ》んやこれを避逃する所なき者は、相儆戒すること、豈愈《あにいよいよ》厚くして然る後に可《か》ならずや。且つ語にこれあり、曰わく、而《こ》の晏日《あんじつ》に焉《お》いて⑴罪を得ば、将《はた》悪《いずく》にかこれを避逃せん。曰わく、これを避逃する所なし、と。夫《そ》れ天は、林谷幽間《りんこくゆうかん》に人なしと為すべからず。明《めい》必ずこれを見る。然り而して天下の士君子《しこう》の天に於《お》けるや、忽然《こつぜん》として以て相儆戒するを知らず。此れ我が天下の士君子は小を知りて大を知らざることを知る所以《ゆえん》なり。

墨子先生がおっしゃったことは次のようである。

今日、世界じゅうの知識人は、目先のことはわかっていても大局を知らない。どうしてそれがわかるかというと、彼らの家での振舞いによってわかるのである。もし、一家の中で家長に対して罪を犯した場合には、まだ隣の家に逃避する余地はある。けれども両親や兄弟やすべての知人は、互いにその人物を警戒し、口をそろえて「戒めなければいけない。慎まなければいけない。一家の中で家長に対して罪を犯したからには、もはやどうしようもない」という。ただ家の中だけがそうなのではない。国の場合でもやはり同様である。一国の中で君主に対して罪を犯した場合には、まだ隣の国に逃避する余地はある。けれども両親や兄弟やすべての知人は、互いにその人物を警戒し、口をそろえて「戒めなければいけない。慎まなければいけない。一国の中で君主に対して罪を犯したような男は、もはやどうしようもない」という。

これは逃避する余地のある場合であるが、それでさえなおこのように厳重に警戒されるのである。まして逃避する余地のない場合では、その警戒はなおさらきびしいのが当然のことである。そこで諺《ことわざ》にも「この明るい太陽の下で罪を犯したなら、どこに逃《のが》れるところがあろう。どこにも逃避するところはないぞ」といわれている。そもそも天は、山林や渓谷の奥深い静かなところでも、人がいないから何をしてもよいということを許さない。天の明察は必ずそれを見ぬくのである。ところが、世界の知識人たちは、この天に対する場合にはうっかりして警戒することを知らないでいる。世界じゅうの知識人は、目先のことはわかっていても大局を知らないと、さきにわたしがいったのは、こういう理由によるものである。

（1）「而《こ》の晏日に焉《お》いて」の原文は「焉而晏日焉而」。愈樾《ゆえつ》は上の「焉而」二字を除き、晏は清明の意で、晏日は晴れた明るい日のこととした。孫詒譲はそれを受けながら「焉而」は「于此（ここに）」と同じ意味で除くべきでないとした。

二　然《しか》らば則《すなわ》ち天亦《また》何をか欲《ほっ》し何をか悪《にく》む。天は義を欲して不義を悪む。然らば則ち天下の百姓《ひゃくせい》を率《ひき》い、以て義に従事せば、則ち我乃《すなわ》ち天の欲する所を為すなり。我天の欲する所を為さば、天も亦我が欲する所を為さん。然らば則ち我何をか欲し何をか悪む。我、福禄を欲して禍祟《かすい》を悪む。若《も》し我天の欲する所を為さずして、天の欲せざる所を為さば、然らば則ち我天下の百姓を率いて、以て禍祟の中に従事するなり。

然らば則ち何を以て天の義を欲して不義を悪むを知るや。曰わく、天下に義あらば則ち生き、義なければ則ち死す。義あらば則ち富み、義なければ則ち貧し。義あらば則ち治まり、義なければ則ち乱る、と。然らば則ち天は其の生を欲して其の死を悪み、其の富を欲して其の貧を悪み、其の治を欲して其の乱を悪む。此れ我が天の義を欲して不義を悪むを知る所以《ゆえん》なり。

それでは、天はいったい何を望み、何を嫌《きら》うのであろうか。天は正義を望んで、不正義を嫌うものである。したがって世界じゅうの民衆を指導して正義に努力してゆけば、それで自分は天の望むことを行なっていることになる。こちらが天の望むことを行なっていくなら、天のほうでもこちらの望むことをしてくれるであろう。それでは、自分としては何を望み、何を嫌うのであろうか。自分は幸運で金持になることを望んで、災難や崇《たた》りを嫌う。だから、もし自分が天の望むことを行なわないで、天の望まないことを行なうとすれば、それでは自分は世界じゅうの民衆を指導して、災難や崇りをうけることに努力していることになるであろう。

それでは天が正義を望んで不正義を嫌うというのはどうしてわかるのであろうか。それはこうである。世界じゅうに正義が行なわれていれば、すべてのものが生きていけるが、不正義であれば、死滅する。正義が行なわれていれば、すべてのものが豊かになるが、不正義であれば、貧しくなる。正義が行なわれていれば、すべてが治まるが、不正義であれば、乱れる。してみると、天は万物の生存を望んで死滅を嫌い、豊かになるのを望んで貧しくなるのを嫌い、治まるのを望んで乱れるのを嫌うのであって、そのことから天が正義を望んで不正義を嫌うということがわかるのである。

〈福禄〉福は家族一門が栄えて万事が順調にはこぶ幸運。禄は経済的に富裕になること。これに長生きの寿を加えた福禄寿は、中国人の最も強くねがった世俗的な願望である。

三 曰《い》わく、且《か》つ夫《そ》れ義なる者は政《せい》なり。下よりして上を政《ただ》すことなく(1)、必ず上よりして下を政す。是《こ》の故に庶人は力を竭《つく》して事に従い、未《いま》だ己《おの》れを次《ほしい》(2)ままにして政を為《な》すを得ず。士ありてこれを政す。士は力を竭して事に従い、未だ己れを次ままにして政を為すを得ず。将軍大夫《たいふ》ありてこれを政す。将軍大夫は力を竭して事に従い、未だ己れを次ままにして政を為すを得ず。三公諸侯ありてこれを政す。三公諸侯は力を竭して治を聴《き》く。未だ己れを次ままにして政を為すを得ず。天子ありてこれを政す。天子未だ己れを次ままにして政を為すを得ず。天ありてこれを政す。天子の、政を三公諸侯士庶人に為すは、天下の士君子、固《もと》より明らかにこれを知る。天の、政を天子に為すは、天下の百姓、未だこれを明らかに知るを得ざるなり。

ところで、そもそも正義というのは、政《せい》すなわち人を治め正すことである。そして、下の者が上の者を治め正すということはなくて、必ず上の者が下の者を治め正すのである。したがって庶民は自分のきまった仕事に努力するのであって、自分の考えで人を治め正すことは許されない。士人が上にいて庶民を正すのである。しかし、士人も自分のきまった仕事に努力するのであって、自分の考えで人を治め正すことは許されない。卿《けい》や大夫《たいふ》の身分の者が上にいて士人を正すのである。しかし、卿や大夫も自分のきまった仕事に努力するのであって、自分の考えで人を治め正すことは許されない。三公や諸侯が上にいて卿や大夫を正すのである。しかし、三公や諸侯もきまった政務に努力するのであって、自分の考えで治め正すことは許されない。天子が上にいて三公や諸侯を正すのである。しかし、天子とてもなお自分の考えで人を治め正すことは許されない。天が上にあって、天子を正すのである。天子が、三公や諸侯から士や庶民に至るまで、すべての人々を治め正すということは、世界じゅうの知識人たちは、もちろんはっきりと知っている。しかし、天が天子を治め正しているということになると、世界じゅうのすべての人々は、まだそのことをはっきりとわきまえることができないでいる。

〈将軍〉この将軍は卿にあたる。節葬篇第三章の注参照。
（1）「政」は『説文』にも「正す」の意とあって通用するが、政治の本来の意味も万民を正すということから出ている。
（2）この「次」は「恣」の意味に読んでいる。

＊この章の主張ではっきりするように、天志篇と尚同篇とは密接な関係にある。尚同篇の十人十義を統一して天子と天の命令に帰一することを説く主張が、ここでも天の意思にしたがって正義を実行せよと説く主張になっている。天子の上に天があるのだという強調は、第一章で、当時の知識人を「小を知りて大を知らざる」ものときめつけたことと対応している。

四　故に昔の三代の聖王、禹・湯・文武は、天の、政を天子に為すことを以て、明らかに天下の百姓《ひゃくせい》に説かんと欲《ほっ》す。故に牛羊を犓《やしな》(1)い、犬彘《けんてい》を豢《やしな》い、潔《きよ》く粢盛酒醴《しせいしゅれい》を為《つく》り、以て上帝鬼神を祭祀して福を天に求め祈らざることなし。我未《いま》だ嘗《かつ》て天の、福を天子に求め祈る所の者《こと》を聞かざるなり。我が天の、政を天子に為すことを知る所以《ゆえん》の者なり。故《もと》より天子なる者は、天下の窮貴なり、天下の窮富なり。故に富み且《か》つ貴《たっと》きを欲する者は、天意に当たりて順《したが》わざるべからず。天意に順う者は、兼ねて相《あい》愛し交《こもごも》相利して、必ず賞を得ん。天意に反する者は、別《べつ》して相悪《にく》み交相賊《そこな》いて、必ず罰を得ん。

だから、むかし三王朝の聖王であった夏《か》の禹《う》王や殷《いん》の湯《とう》王や周の文王・武王などは、天が天子を治め正すのであるということを、世界じゅうの人々にはっきりわからせようとした。そこでお供えのための牛や羊を飼い、犬や豚を養い、供物や神酒を清らかに用意して、みな上帝や鬼神をお祭りして福を祈り求めたのである。しかし、天が天子にむかって福を祈り求めたということは、自分はまだ聞いたことがない。これによって天が天子を治め正すのだということがわれわれにわかるのである。

もともと天子というのは、世界じゅうで最も貴く、最も富裕な人である。こういう人でさえも天の福を祈り求めるのであるから、富貴を得たいと望む人は、天の意思に対しては従順でなければならない。天の意思にしたがう者は、ひろく愛しあい互いに利益を与えあうのであって、その結果はきっと天からの賞与を得るであろう。しかし、反対に天の意思にさからう者は、差別して憎みあい互いに損害を与えあうのであって、その結果はきっと天罰を受けるであろう。

（1）「芻」の字は原文では「犓」とあるが、法儀篇の同文と考えあわせて改めた。後文も同じ。

＊墨子の中心思想である兼愛交利が実は天の意思であるということが、ここにはっきりと主張される。天すなわち上帝鬼神の権威をかりて、墨子はその思想の実現をはかろうとしたのである。

五　然《しか》らば則《すなわ》ち是《こ》れ誰か天意に順《したが》いて賞を得し者ぞ。誰か天意に反《そむ》きて罰を得し者ぞ。子墨子言いて曰わく、昔の三代の聖王、禹・湯・文武は、此れ天意に順いて賞を得し者なり。昔の三代の暴王、桀《けつ》・紂《ちゅう》・幽厲《ゆうれい》は、此れ天意に反きて罰を得し者なり、と。

然らば則ち禹・湯・文武、其の賞を得しは何を以てか。子墨子言いて曰わく、其の上《かみ》は天を尊《とうと》び、中は鬼神に事《つか》え、下《しも》は人を愛するを事《つと》むればなり。故に天意に曰わく、此れこれ我が愛する所は兼ねてこれを愛し、我が利する所は兼ねてこれを利す。人を愛する者は此《こと》れこれを為《な》すこと博《ひろ》く、人を利する者は此《こと》れこれを為すこと厚し、と(1)。故に貴《たっと》きことは天子たり、富は天下を有《たも》ち、葉万《ようばん》(2)の子孫、伝えて其の善を称し、方《あま》(3)ねく天下に施さしめ、今に至るまでこれを称して、これを聖王と謂《い》う、と。

然らば則ち桀・紂・幽厲、其の罰を得しは何を以てか。子墨子言いて曰わく、其の上は天を詬《し》い、中は鬼神を詬《そし》り、下は人を賊《そこな》うことを事《つと》む。故に天意に曰わく、此れこれ我が愛する所は別してこれを悪《にく》み、我が利する所は交《こもごも》これを賊う。人を悪む者は此《こと》れこれを為すこと博く、人を賊う者は此《こと》れこれを為すこと厚し、と。故に其の寿《じゅ》を終うるを得ず、其の世を殀《お》えざらしめ、今に至るまでこれを毀《そし》りて、これを暴王と謂う、と。

それでは、天の意思にしたがって天からの賞与をうけた者はいったいだれか。また天の意思にそむいて天から処罰された者はいったいだれか。

墨子先生がおっしゃったことはこうである。「むかしの三王朝の聖王だった夏の禹王や殷の湯王や周の文王・武王などは、これは天の意思にしたがって天からの賞与をうけた人である。また、むかしの三王朝の暴君だった夏の桀王や殷の紂王や周の幽王・厲王などは、これは天の意思にさからって天からの罰をうけた者である」

それでは、禹王や湯王や文王・武王などが、天の賞与をうけたのはなぜであったか。

墨子先生がおっしゃったことはこうである。「これらの天子は、上は至高の天を尊び、鬼神に仕え、下々《しもじも》の人を愛することにつとめた。だから天の意思としては『彼らはわが愛するものをひろく愛し、わが利益を与えるものにひろく利益を与える。その愛し方は広大であり、その利益の与え方は手厚い』と考えられた。そこで貴い天子の位につけ、世界の富を与え、万世までの子孫がうけついでその徳をほめたたえ、ひろく世界じゅうにひろがるようにさせた。こうして、今日に至るまで、この人々をほめたたえて聖王とよんでいるのである」

それでは、桀王や紂王や幽王・厲王などが、天の罰をうけたのはなぜであったか。

墨子先生がおっしゃったことはこうである。「これらの天子は、上は至高の天をだまし、鬼神の悪口をいい、下々の人を害することにつとめた。だから天の意思としては、『彼らは、わが愛するものをいろいろと差別して憎み、わが利益を与えるものにたえず損害を与える。その憎み方は広大であり、その損害の与え方はひどい』と考えられた。そこで天寿を全うすることができず、その一代を満足に終わることができないようにさせた。こうして、今日に至るまで、この人々をそしって暴君とよんでいるのである」

（1）原文は「此為博焉」「此為厚焉」とあるが、下文から考えてともに「為」字の下に「之」字を補った。

（2）「葉万」は、原文では「業万也」とあるのを孫詒譲の一説にしたがって改めたもので、葉は世と同じ、万世の意である。原文どおりに読んで「業」を仕事をうけつぐ意味にとる説もある。

（3）この「方」は「旁」と同じ。あまねく、ひろくの意。

六　然《しか》らば則《すなわ》ち何を以て天の天下の百姓《ひゃくせい》を愛するを知る。其の兼ねてこれを明らかにするを以てなり。何を以て其の兼ねてこれを明らかにするを知る。其の兼ねてこれを有《たも》つを以てなり。何を以て其の兼ねてこれを有つを知る。其の兼ねて焉《こ》れに食するを以てなり。何を以て其の兼ねて焉れに食するを知る。四海の内、粒食《りゅうしょく》の民は、牛羊を芻《やしな》い犬彘《けんてい》を豢《やしな》い、潔《きよ》く粢盛酒醴《せいしゅれい》を為《つく》りて、以て上帝鬼神を祭祀せざるはなし(1)。

それでは、天が世界じゅうの人々を愛しているというのはどうしてわかるのか。それは、天があまねく平等に人々を照らしているからである。では、天があまねく平等に照らしているというのは、どうしてわかるのか。それは、天があまねく平等に人々を抱擁しているからである。では、天があまねく平等に抱擁しているというのは、どうしてわかるのか。それは、天があまねく平等に人々から食糧をうけているからである。では、天があまねく平等に食糧をうけているというのは、どうしてわかるのか。全世界の中で穀物を食べているほどの民は、お供えの牛や羊を飼い、犬や豚を養い、器に盛った供物や神酒を清らかに用意して、みな上帝鬼神をお祭りしているからである。

〈焉れに食す〉天が万民について食糧をとることをいう。ちょうど天子が万民から租税をとるような形を考えているのである。ここの論理は後から逆に考えて、すべての民から食糧を受けることによってすべての民を領有していることがわかり、それによってすべての民を庇護《ひご》し愛していることがわかる、ということになる。

（1）このあと、原文では天が民を愛することの証明が少しつづき、「義政」（天意にしたがった正しい政治）と「力政」（天意に反した力によるむりな政治）とを対照して説明する一章があるが省略した。

七　子墨子言いて曰わく、我に天志あるは、譬《たと》えば輪人《りんじん》の規《き》あり、匠人《しょうじん》の矩《く》あるが若《ごと》し。輪匠は其の規矩を執《と》り、以て天下の方圜《ほうえん》を度《はか》りて曰わく、中《あ》たる者は是《ぜ》なり。中たらざる者は非《ひ》なり、と。今、天下の士君子の書は勝《あ》げて載《の》すべからず、言語は尽《ことごと》くは計《はか》るべからず。上《かみ》は諸侯に説き、下《しも》は列士に説くも、其の仁義に於《お》けるは則ち大いに相遠きなり。何を以てこれを知る。曰わく、我、天下の明法を得て以てこれを度ればなり、と。

墨子先生がおっしゃったことは次のようである。

わたしにとって天の意思があることは、たとえば車輪を造る職人がぶんまわしを持ち、大工がさしがねを持っているようなものである。彼らはそのぶんまわしやさしがねを手にとって、それで世界じゅうの方形や円形をはかってみて「ぴったり合ったものはよい。合わないものはだめ」

と判定する。今日、世界の知識人の書物はとうてい記載しきれないほどたくさんあり、その弁説はとても数えつくせないほど多くて、すべて上は諸侯に向かって説き、下は士人たちに向かって説いているが、情の深い正しい学説という点からすると、みなはなはだ遠いものである。そのことがどうしてわかるかといえば、わたしは世界に通用するりっぱな基準、すなわち天の意思を標準として、それらをはかってみるからである。

〈天志〉この章ではじめて出てくる。これまでは「天意」といわれていた。

〈天下の士君子の書は…〉この当時にたくさんの書物があり、また弁説家もたくさん出ていたことがわかる。ただし、これが墨翟の時代のすがたなのか、あるいはもっと新しい時代のことなのかということは、検討すべき問題である。

第三十一　明鬼《めいき》篇　下

天志篇の主旨をふまえて、鬼神の存在を証明し、その存在を信ずることが世界の利益に合致することを述べる。墨子の特色ある主張である。なお、第二十九明鬼篇上・第三十明鬼篇中は本文原本が欠けて現存していない。

一　(1)古者《いにしえ》、聖王必ず鬼神を以て有りと為《な》す。其の鬼神に務むること厚し。また後世の子孫、知る能《あた》わざることを恐る。故《ゆえ》にこれを竹帛《ちくはく》に書し、後世の子孫に伝遺《でんい》す。或《あ》るいは其の腐蠹《ふと》絶滅し、後世の子孫、得て記さざるを恐る。故にこれを盤盂《ばんう》に琢《たく》し、これを金石に鏤《る》し、以てこれを重ぬ。また後世の子孫、敬䇿《けいくん》して以て羊《しょう》を取る能わざることを恐る。故に先王の書、聖人の言は、一尺の帛《はく》、一篇の書も、鬼神の有るを語り数え、重ねてまたこれを重ぬ。此れ其の故何ぞや。則《すなわ》ち聖王これを務むればなり。今、無鬼を執《と》る者曰《い》わく、鬼神なる者、固《もと》より有ることとなし、と。則ち此れ聖王の務めに反す。聖王の務めに反すれば、則ち君子たる所以《ゆえん》の道に非《あら》ざるなり。

むかし、聖王は必ず鬼神は存在するものだとして、鬼神のために手厚くつとめた。しかもなお、後世の子孫がわからなくなることを恐れたために、それを竹簡や絹の布に書きしるして後世の子孫に伝え残した。また、その竹簡や絹の布では腐ったり虫がくったりして絶滅し、後世の子孫がわからなくなることを恐れたために、それを盤《ばん》や盂《う》の器に彫りつけ、金石にきざんで、念入りにした。さらに、なお後世の子孫が慎み恐れて鬼神に仕えることをせず、その幸いを受けることができなくなることを恐れた。そこで、古代の聖王の書物や聖人のことばには、一尺の布きれ、一篇の書物にも、鬼神の存在をくりかえして説いていて、念のうえにも念をいれている。これらのことは何のためであろうか。つまり、聖王がそれだけ鬼神のために熱心につとめたからである。いま、無鬼を主張する者は、鬼神などというものはもちろん存在しないというが、これは聖王の努力されたことに反対するものである。聖王の努力に反対するというのは、りっぱな人間としてなすべきことではないのである。

〈鬼神〉鬼はふつう人の死後の霊魂をさす。日本語のおにとは違って、むしろ幽霊に近い。ただし、この篇の最後でもいうように、「天鬼」とか「山川の鬼神」などというのも考えられていて、ひろく物の怪《け》のようなものも含まれる。

〈盤盂〉盤は平たい鉢《はち》。食物の盛り皿と、沐浴などのたらいとがある。盂はわん。水飲みわんや飯盛りわん。

〈敬莙して…〉敬は慎、莙は威の意味。羊は祥と同じ。

(1) 省略した前半について、そのあらましを述べておく。まず、子墨子の言として、世界の乱れた現状が述べられ、その原因は人々が鬼神の存在に疑惑を持ち、鬼神の賞罰を信じないことにあるとして、その存在の証明にはいる。第一は衆人の見聞であって、死霊がたたりをしたいろいろの奇怪な説話がならべられる。第二は聖王の行動であって、鬼神を祭祀した事蹟があげられる。この一章は、それをうけた結びである。証明はこのあと第三の古書の記載へと移る。

二　今、無鬼を執る者の言に曰わく、先王の書、聖人の言は、一尺の帛、一篇の書も、鬼神の有るを語り数え、重ねてまたこれを重ぬとは、亦《また》何の書かこれあるや、と。

子墨子曰わく、周書大雅《しゅうしょたいが》にこれあり。大雅に曰わく、文王、上に存《あ》り、ああ天に昭《あら》わる。周は旧邦と雖《いえど》も、其の命維《こ》れ新たなり。有周顕《ゆうしゅうあら》われざらんや、帝命時《よ》からざらんや。文王陟降《ちょくこう》し、帝の左右に在《あ》り。穆穆《ぼくぼく》たる文王、令問《れいもん》已《や》まず、と。若《も》し鬼神あることなくんば、則ち文王既《すで》に死して、彼豈《あによ》能く帝の左右に在らんや。此れ吾《わ》が周書の鬼《き》を知る所以なり。

且《か》つ周書に独《ひと》り鬼ありて商書に鬼あらざれば、則ち未《いま》だ以て法と為すに足らざるなり。然らば則ち姑《しば》らく嘗《こころ》みに上《かみ》に商書を観《み》ん。商書に(1)曰わく、嗚呼《ああ》、古者《いにしえ》の有夏《ゆうか》、未だ禍《わざわ》いあらざるの時に方《あた》りては、百獣貞虫より允《もっ》て飛鳥に及ぶまで、比方《ひほう》せざるなし。矧《いわ》んや隹《こ》れ人面、胡《なん》ぞ敢《あ》えて異心あらん。山川鬼神も亦敢えて寧《やす》んぜざるなし。若し能く共允《きょういん》なれば、隹れ天下をこれ合し、下土をこれ葆《たも》たん、と。山川鬼神の敢えて寧んぜざるなき所以の者を察するに、謀りごとに禹《う》を佐《たす》くるを以てなり。此れ吾が商書の鬼を知る所以なり。且つ商書に独り鬼ありて夏書《かしょ》に鬼あらざれば、則ち未だ以て法と為すに足らざるなり。然らば則ち姑らく嘗みに上に夏書を観ん。禹誓《うせい》に曰わく、大いに甘《かん》に戦い、王乃《すなわ》ち左右六人に命じて、下りて誓いを中軍に聴《き》かしむ。曰わく、有扈《ゆうこ》氏、五行《ごぎょう》を威侮《めつぶ》し、三正を怠棄《たいき》す。天もって其の命《めい》を勦絶《そうぜつ》す、と。また曰わく、日中、今、予《われ》は有扈氏と一日の命を争う。且つ爾《なんじ》卿大夫庶人よ、予は爾《か》の田野《でんや》葆玉《ほうぎょく》をこれ欲《ほっ》するには非《あら》ざるなり。予は共《つつし》みて天の罰を行なうなり。左は左を共まず、右は右を共まざれば、若《なんじ》は命を共まざるなり。御《ぎょ》は爾の馬をこれ政《ただ》すに非ざれば、若は命を共まざるなり。是《ここ》を以て祖に賞して社に僇《りく》せん、と。祖に賞するとは何ぞや。命を分かつの均《ひとし》きを言うなり。社に僇するとは何ぞや。獄を聴くの中なるを言うなり。故に古の聖王は、必ず鬼神を以て、賢を賞して暴を罰すと為す。是の故に賞は必ず祖に於《お》いてし、而《しか》して僇は必ず社に於いてす。此れ吾が夏書の鬼を知る所以なり。

故に尚《かみ》は夏書、其の次は商周の書、鬼神の有るを語り数うるや、重ねてまたこれを重ぬ。此れ其の故何ぞや。則ち聖王これを務むればなり。若《こ》の書の説を以てこれを観れば、則ち鬼神の有ること、豈《あに》疑うべけんや(2)。

ところで、無鬼を主張する者の意見としては、こちらのことばをとりあげて、「古代の聖王の書物や聖人のことばでは、一尺の布ぎれ、一篇の書物にも、鬼神の存在をくりかえして説いていて、ていねいのうえにもていねいだというが、それはいったいどういう書物にみえているのか」という。

墨子先生はいわれた。

それは周の時代の書物である大雅《たいが》にみえている。大雅の詩には「文王は天上におわし、ああ、その徳は天に輝く。周は旧《ふる》き邦《くに》なれど、天命は新《あら》たなり。周のなんと輝かしきことよ。天命のなんとめでたきことよ。文王の霊《みたま》は天上にのぼり、天帝のお側《そば》におわす。うるわしき文王、よき誉《ほま》れ永久《とこしえ》に」とある。もし鬼神が存在しないのなら、文王が死んでから、なお天帝のお側にいることがどうして可能であろうか。周の書物に、鬼神の存在が説かれていることは、これによってわかるのである。

さて、周の書物だけに鬼神があって、殷《いん》の書物にはみえないということなら、まだ基準とするのにじゅうぶんではない。それでは、ためしにさかのぼって殷の書物をみることにしよう。商書には「ああむかし、夏《か》の国がまだ盛んであったときは、すべての動物から鳥類にいたるまで、むつみあわないものはなかった。ましてや人の顔をしたもの、どうして散り散りの心があろうぞ。山川の鬼神もやはりすべて安らかに落ち着かれた。もし慎み深く誠実にできたなら、天下も統一され、国土も安らかになろう」とある。山川の鬼神もすべて安らかに落ち着いたというのを考えてみると、それは鬼神が禹《う》の謀《はか》りごとを助けていたからである。殷の書物に鬼神の存在が説かれていることは、これによってわかるのである。

さて殷の書物だけに鬼神があって、夏の書物にはみえないということなら、まだ基準とするのにじゅうぶんではない。それでは、ためしにさかのぼって夏の書物をみることにしよう。禹誓《うせい》の篇には「大いに甘《かん》の土地で戦った。王はそのとき左右両軍の将軍六人に命じ、車を降りてみずからの誓言を中軍に伝えさせた。いわく、『有扈《ゆうこ》氏は五行の徳をあなどり、天地人の三つの正道を棄て去った。よって天はその命《めい》をたちきった』。またいわく、『ま昼どき、いまやわれは有扈氏に対して、日暮れまでに運命を決する戦いをいどもうとする。さて汝《なんじ》ら卿大夫から庶民たちよ、われはかの領土や宝玉がほしいのではない。われはうやうやしく天の罰を行なおうとするのである。車の左に乗る者が左の事を慎重に行なわず、車の右に乗る者が右の事を慎重に行なわなければ、汝らはわが命を奉じないのである。車を御《ぎょ》する者がその馬をうまく治めるのでなければ、汝らはわが命を奉じないのである。かくて祖宗の霊前で賞し、社の神前で死刑に処するであろう』」とある。ここに祖宗の霊前で賞するというのは、なぜか。祖先の心にてらして、賞を与えることが公正であることをいうのである。社の神前で死刑に処するというのは、なぜか。社神の心にてらして、裁判の中正であることをいうのである。してみると、むかしの聖王は、必ず鬼神のことをりっぱな人を賞して乱暴者を罰するものだと考えていた。だから賞を与えるときにはきっと祖宗の前で行ない、死刑に処するときにはきっと社の神前で行なったのである。夏の書物に鬼神の存在が説かれていることは、これによってわかるのである。

このようにして、古くは夏の書から次いで殷周の書まで、鬼神の存在はくりかえし説かれていて、ていねいなうえにもていねいである。それは何のためであろうか。つまり聖王がそれだけ鬼神のために熱心につとめたからである。これらの書物に書かれたことから考えると、鬼神の存在はどうして疑うことができようか。

〈大雅〉いまの『詩経』の大雅のことで、引用された詩句はその文王篇である。「穆穆《ぼくぼく》」がもと「亹亹《びび》」とあり、「令問」がもと「令聞」とあるほかは、今の『詩経』にひとしい。

〈有周顕われざらんや…〉原文は「有周不顕、帝命不顕」で、「不」の字を「丕」と同じにみて大いにと読む説もあり、また単なる助字とみる説もある。「有周」の「有」は意味のない接頭助字。後文の有夏の場合も同じ。

〈穆穆〉『詩経』の注に「美なり」とあり、慎み深く奥ゆかしい徳をほめたたえることば。

〈商書〉殷代の書物の意味。殷ははじめ商といったが、その中期に殷に都を移してから国号も変わった。ここの引用は今の『書経』では伊訓《いくん》篇に似たことばがみえている。

〈貞虫〉征虫と同じ。征も虫も動物の総称。

〈禹誓〉今の『書経』では甘誓篇にみえる。有扈氏の国は今の陝西省鄠《こ》県の地にあったといい、甘はその南郊の地だという。

〈五行を威侮し…〉五行はふつうは木・火・土・金・水の五つの元素をさし、三正は天地人の正道と注釈されるが、いずれも明確でない。「威」は「蔑」と通用し、「侮」と同じ意味。

〈左は左を共まず…〉左は車左、右は車右のこと。戦車には中央に御者《ぎょしゃ》が乗り、左に車左が乗って射を主とし、右に勇力の車右が乗って矛をとる。
(1) 前後の例から考えて「商書」の二字を補った。
(2) このあと同様に古言を引いた三十三字を略した。

三 是の故に子墨子曰わく、鬼神の能《よ》く賢を賞して暴を罰するが当若《ごと》きは、蓋《けだ》し本《もと》これを国家に施し、これを万民に施し、実《まこと》に国家を治めて万民を利する所以《ゆえん》の道なり。是《ここ》を以て吏治《りち》官府の絜廉《けつれん》ならず、男女の別なきを為《な》す者は、鬼神これを見る。民の淫暴寇乱《いんぼうこうらん》盗賊を為し、兵刃毒薬水火を以て、無罪の人を道路に迓《むか》え、人の車馬衣裘《いきゅう》を奪いて以て自《みずか》ら利する者は、また鬼神これを見る。是を以て吏治官府は、敢《あ》えて絜廉ならずんばあらず、善を見て敢えて賞せずんばあらず、暴を見て敢えて罪せずんばあらず。民の淫暴寇乱盗賊を為し、兵刃毒薬水火を以て、無罪の人を道路に迓え、車馬衣裘を奪いて以て自ら利する者は、此れに由《よ》りて止《や》む。是を以て天下治まる。

こういうわけで、墨子先生はいわれた。

鬼神がよくりっぱな人を賞して乱暴者を罰するということは、思うに本来そのことを国家万民のうえに及ぼしてみて、本当に国家をよく治め万民に利益を与えるためのことなのである。そこで、役人の仕事や役所の中が清廉潔白でなく、男女のなかで淫《みだ》らなことをする者があると、鬼神はそれを見ている。また民衆のなかで、乱暴を行ない、騒動を起こし、盗賊を働き、刀剣や毒薬や水火などをもって罪もない人を路上に待ちぶせ、他人の車馬や衣類を奪って自分の利益をはかろうとするような者がいると、やはり鬼神はそれを見ている。したがって、役人の仕事や役所の中のことはどうしても清廉潔白でなければならなくなり、善行を見れば必ず賞し、乱暴を見れば必ず罰することになる。また民衆の中で、乱暴を行ない、騒動を起こし、盗賊を働き、刀剣や毒薬や水火をもって罪もない人を路上に待ちぶせ、他人の車馬や衣類を奪って自分の利益をはかろうとするような者も、鬼神を恐れてそれをやめるようになる。このようにして世界はよく治まるのである。

四　故に鬼神の明《めい》は、幽間広沢《ゆうかんこうたく》山林深谷を為《な》すべからず。鬼神の明は必ずこれを知る。鬼神の罰は、富貴衆強、勇力強武、堅甲利兵を為すべからず。鬼神の罰は必ずこれに勝つ。若《も》し以て然《しか》らずと為さんか。昔者《むかし》、夏王桀《かけつ》は貴きこと天子と為り、富めること天下を有《たも》ち、上《かみ》は天を詬《そし》り鬼を侮《あなど》り、下《しも》は天下の万民を殃殺《おうさつ》し、上帝を祥《いつ》わる。(1)故に此《ここ》に於《お》いてか、天乃《すなわ》ち湯《とう》をして明罰を至《いた》さしむ。湯は車九十両を以て鳥陳鴈行《ちょうじんがんこう》す。湯は大賛《たいさん》に乗《のぼ》り、夏の衆を犯逐《はんちく》してこれが郊遂《こうすい》に入《い》り、王は手ずから推哆《すいし》・大戯《たいぎ》を禽《とりこ》にす。故に昔者、夏王桀は貴きこと天子と為り、富めること天下を有ち、勇力あるの人、推哆・大戯は、生きながらに兕虎《じこ》を列《さ》き、指画《しかく》して人を殺す。人民の衆《おお》きこと兆億《ちょうおく》、侯《こ》れ厥《そ》の沢陵《たくりょう》に盈《み》つ。然れども此れを以て鬼神の誅《ちゅう》を圉《ふせ》ぐ能《あた》わず。此れ吾《われ》の、鬼神の罰は、富貴衆強、勇力強武、堅甲利兵を為すべからずと謂《い》う所の者、此れなり(2)。

だから、鬼神の明察というものは、どこでも見通してしまうから、人里はなれた沢地、山林、深い谷間といった人目につかないところでもくらませない。鬼神の明察は必ずそれを見ぬくのである。また、鬼神の罰には、富貴や多勢や勇敢な武力やりっぱな兵器があるからといって役には立たない。鬼神の罰は、必ずそれらにうち勝つのである。もしそうではなかろうというのなら、一例をあげよう。むかし、夏王の桀は、貴い天子の身分で世界の富を持ちながら、上は天帝をそしり、鬼神をあなどり、下は世界の万民を殺害して、天帝にそむいた。そこで天帝は湯《とう》王に命じて厳罰を下すことになった。湯王は九十台の戦車をひきい、鳥の飛ぶさまにかたどった陣形で雁《かり》の列のようになって進んだ。湯王は大賛《たいさん》の山に登り、夏の軍勢を攻めて追いちらし、殷の都の近郊まで侵入し、推哆《すいし》や大戯《たいぎ》などの勇士をみずからの手で生け捕りにした。このことからすると、むかし夏王の桀は、貴い天子の身分で世界の富を持ち、推哆や大戯のような、兕《じ》や虎《とら》などの猛獣を生きながら引き裂くほどの勇力の人を召しかかえ、指図のままに人を殺すことができ、億兆にも達する多くの民衆は沢や丘にまで満ちあふれていたのであるが、それにもかかわらず、それらによって鬼神の誅罰を防ぐことはできなかったのである。自分が、鬼神の罰は、富貴や多勢や勇敢な武力やりっぱな兵器があっても役に立たないといったのは、これによるのである。

〈兕〉水牛に似た青い獣。野牛。

（1）原文では、「祥上帝」の下になお「伐元山帝行」の五字があるが、意味不明のために除いた。

（2）このあと、さらに、この例だけではないとして、殷の紂王の例があげられるが、同じ主旨であるから省略した。

五　今、無鬼を執《と》る者は曰わく、意《ある》いは親の利に中《あ》たらずして、孝子たるを害せんか、と。子墨子曰わく、古今の鬼たるや他に非《あら》ざるなり。天の鬼あり、亦《また》山水の鬼神なる者あり。亦人の死して鬼と為《な》る者あり。今、子其の父に先だちて死し、弟其の兄に先だちて死する者あり。意いは然らしむと雖《いえど》も、然れども天下の陳物《ちんぶつ》には曰わく、先に生まるる者は先に死す、と。是《か》くの若《ごと》くんば則ち先に死する者は、父に非ざれば母、兄に非ざれば姒《あね》なり。今、絜《きよ》く酒醴《しゅれい》粢盛《しせい》を為《つく》り、以て祭祀を敬慎す。若《も》し鬼神をして請《まこと》に有らしめば、是れ其の父母姒兄《じけい》を得てこれに飲食せしむるなり。豈《そ》れ厚利に非ずや。若し鬼神をして請に亡《な》からしめば、是れ乃《すなわ》ち其の為る所の酒醴粢盛の財を費やすのみ。且《か》つ夫《そ》れこれを費やすは、特《ただ》にこれを汙壑《おがく》に注《そそ》ぎてこれを棄《す》つるに非ざるなり。内は宗族、外は郷里、みな具《とも》にこれを飲食するを得ん。鬼神をして請に亡からしむと雖も、此れ猶合驩《なおごうかん》して衆を聚《あつ》め、親《した》しみを郷里に取るべし、と。今、無鬼を執る者の言に曰わく、鬼神は固《もと》より請に有ることなし。是《ここ》を以て其の酒醴粢盛犠牲の財を共《そな》えず。今、吾《われ》乃ち其の酒醴粢盛犠牲の財を愛《おし》むに非ず。其の得る所の者は将《はた》何ぞや、と。此れ上は聖王の書に逆らい、内は民人孝子の行ないに逆らいて、天下に上士たらんとす。此れ上士たる所以《ゆえん》の道に非ざるなり。(1)

是の故に子墨子曰わく、今、天下の王公大人士君子、中実《まこと》に天下の利を興《おこ》し、天下の害を除くことを求めんと将欲《ほっ》すれば、鬼神の有るが当若《ごと》きは将《まさ》に尊明せざるべからず。聖王の道なり、と。

さて無鬼を主張する者はまたいう、「鬼神の存在を信ずることは、あるいは親の利益ともならず、また孝子となることを妨げるのではなかろうか」と。

墨子先生はいわれた。

むかしもいまも鬼神といわれるものは、ほかでもない、天鬼があり、山川の鬼神というのがあり、また人が死んでなった鬼というのがある。いま世の中には子供が父に先だって死んだり、弟が兄に先だって死んだりすることがある。ただそういうことはあるにしても、世の中の一般的な法則からすると、先に生まれた者は先に死ぬものである。してみると、先に死ぬ者は父でなければ母であり、兄でなければ姉だというのがふつうである。さて、かりに酒や供物を清らかにしつらえて慎んで祭祀をすることにすると、もし鬼神が本当にいるということなら、これはその父母や兄や姉を迎えて飲食させることである。なんと親にとって大きな利益ではなかろうか。

しかし、もし鬼神が本当にいないということなら、これはせっかく用意をした酒や供物などの財物をむだにしたことになる。ただしそのむだは、むざむざとどぶ池や溝《みぞ》に投げこんで棄《す》てるのとはわけが違う。内輪では一族の人々、外からは郷里の人々が集まって、みなでいっしょにそれを飲食することができるのである。してみると、たとえ鬼神が本当にいないとしても、なお人を集めて楽しみあい、郷里の親睦をはかれるということになるのである。

ところで、無鬼を主張する者のことばとしては、「鬼神というものはもちろん本当には存在しない。だからこそ酒や供物や犠牲《いけにえ》などの財物をお供えすることをしないのである。いま自分は決してそうしたお供えの財物を惜しむわけではないのだ。そういうことでは、そんなことをしたところで、いったいなんの得るところがあるだろうか」という。こういうことでは、上は聖王の書物の記載にもとり、内は民間の孝子の行ないにもそむくわけで、それでいて世の中のりっぱな士人になろうとしても、これはりっぱな士人になるための道ではないのである。

こういうわけで墨子先生はいわれた。

いま世界じゅうの王侯貴族から一般知識人たちは、本当に世界の利益を興して世界の害を除きたいと思うなら、鬼神の存在ということについては、これを尊び証明しなければいけない。これこそ聖王の規範である。

〈天下の陳物〉難語である。「陳」を「布」の意味、「物」を「法」の意味に読んで、一般的な法則と解した。

（1）このあとに、原文では子墨子の言として六十四字がある。上の文を要約した内容であるから省略した。

＊この篇の主張をどのように評価するかということは、『墨子』の全体の評価と関連して、かなり重要な問題となっている。郭沫若《かくまつじゃく》『十批判書』ではこの篇を重視し、儒家の合理主義に反して、墨家の主張は神秘主義的で反動的だと考えているが、侯外盧《こうがいろ》『中国思想通史』では、鬼神の存在を説くのは自分の説をひろめるためのまったくの手段的なもので、墨子の思想の本質はこれと無関係に進歩的なものだとみている。後者のほうが真実に近いと思われるが、それにしても、鬼神を持ち出すところに、その立場の限界は認められるであろう。

第三十二　非《ひ》楽《がく》篇　上

節用篇の主旨をふまえて、世界の利益を振興する勤労主義の立場から、音楽にふけることに反対する。なお、第三十三非楽篇中・第三十四非楽篇下は本文原本が欠けて現存していない。

一　子墨子《しぼくし》言いて曰《い》わく、仁者《じんしゃ》の事は、必ず務めて天下の利を興し、天下の害を除かんことを求む。将《まさ》に以《もっ》て法を天下に為《な》さんとするや、人を利せんか、即《すなわ》ち為す、人を利せざらんか、即ち止《や》む。且《か》つ夫《そ》れ仁者の天下の為《ため》に度《はか》るや、其の目の美とする所、耳の楽しむ所、口の甘《うま》しとする所、身体の安んずる所の為にするに非《あら》ず。此れを以て民の衣食の財を虧《か》き奪うは、仁者は為さざるなり。是《こ》の故に子墨子の楽《がく》を非《ひ》とする所以《ゆえん》の者は、大鍾《たいしょう》・鳴鼓《めいこ》・琴瑟《きんしつ》・竽《う》笙《しょう》の声を以て、楽しからずと以為《おも》うに非ざるなり。刻鏤《こくろう》・文章の色を以て、美しからずと以為うに非ざるなり。犓豢《すうけん》・煎炙《せんしゃ》の味を以て、甘からずと以為うに非ざるなり。高台・厚《こう》榭《しゃ》・邃宇《すいう》の居を以て、安からずと以為うに非ざるなり。身は其の安きを知り、口は其の甘きを知り、目は其の美しきを知り、耳は其の楽しきを知ると雖《いえど》も、然《しか》れども上《かみ》これを考うるに聖王の事に中《あ》たらず、下これを度るに万民の利に中たらず。是の故に子墨子曰わく、楽を為すは非なり、と。

墨子先生のおっしゃったことは次のようである。

恵み深い人格者のすることは、必ず世界じゅうの利益になることを興して、世界じゅうの害になることを除こうと努力するものである。したがって、これから世界の法則になることをきめようとするときは、人々の利益になるならそれをきめるが、人々の不利益になるならそれを見あわせるのである。そもそも恵み深い人格者が世界のために心をくだくのは、自分の目を楽しませるためでもなく、好きな音楽を聞いて楽しむためでもなく、おいしいものを食べるためでもなく、身体の安楽のためでもない。これらの個人的な楽しみのために民衆の衣食の必需品を奪いとるようなことは、恵み深い人格者のしないことである。

このようなわけで、墨子先生が音楽を非難するわけは、大きな鐘《かね》やよく鳴る鼓《つづみ》、琴《こと》や瑟《おおごと》、竽《こぶえ》や笙《おおぶえ》などの音色が楽しくないというのではない。さらに、いろいろの彫刻や飾り模様の色彩がきれいでないというのでもない。牛肉や豚肉、煎《い》ったものや焼いたものの味がおいしくないというのでもない。高い台閣やりっぱなやぐらや奥深い邸宅などの住み家が安楽でないというのでもない。身体はその居心地のよさを知っており、口はそれらのうまさを知っており、目はそれらの美しさを知っており、耳はそれらの楽しさを知ってはいるが、しかし、よく考えてみると、それは上は聖王の事績にあわないし、下は万民の利益にもあわない。このようなわけで、墨子先生は「音楽好きはよくない」といわれるのである。

＊墨子の音楽非難が、音楽そのものを悪いとするのでないことは、このことばに明らかである。奏楽にともなう奢侈《しゃし》の風潮が社会の全体の利益に合致しないというのがその理由であった。

二　今、王公大人、雖《ただ》楽器を造為《ぞうい》し(1)、以て事を国家に為《な》すは、直《ただ》に潦水《りょうすい》を掊《あつ》め壌坦《じょうたん》を折《か》きてこれを為《つく》るに非《あら》ざるなり。将《まさ》に必ず厚く万民に措斂《せきれん》し、以て大鍾《たいしょう》・鳴鼓《めいこ》・琴瑟《きんしつ》・竽笙《うしょう》の声を為す。古者《いにしえ》、聖王亦嘗《またかつ》て厚く万民に措斂し、以て舟車を為る。既《すで》に以《すで》に成る。曰わく、吾《われ》将に悪許《いずく》にかこれを用いん、と。曰わく、舟はこれを水に用い、車はこれを陸に用うれば、君子は其の足を息《やす》め、小人は其の肩背《けんぱい》を休めん、と。故に万民は財齎《ざいし》を出《いだ》してこれに予《あた》う。敢《あ》えて以て感恨《せきこん》を為さざる者は何ぞや。其の反《かえ》りて民の利に中《あ》たるを以てなり。然らば則ち楽器反りて民の利に中たること亦此《か》くの若《ごと》くんば、即《すなわ》ち我敢《あ》えて非とせざるなり。然らば則ち当《も》し楽器を用うること、これを譬《たと》うるに聖王の舟車を為るが若くんば、即ち我敢えて非とせざるなり。

さて、王侯貴族たちは、ひたすら楽器を製作して、国家の全体に奏楽をひろめている。しかし、楽器は単にたまり水を集めたり土くれをけずったりしてできるわけではない。きっと万民からたくさんの租税をとりたてて、はじめて大きな鐘《かね》やよく鳴る鼓《つづみ》、琴《こと》や瑟《おおごと》、竽《こぶえ》や笙《おおぶえ》などの音色ができることになるのである。むかしの聖王は、やはり万民からたくさんの租税をとりたてて、舟や車を作ったものである。すっかりでき上がると「わたしはこれからこれをどこに役立てようか」といい、「舟は水上で利用し、車は陸地で利用しよう。そうすれば為政者は歩き疲れることがなく、民衆は肩や背に重荷を負う必要がなくなろう」といった。だから万民はお金や品物をさし出して提供し、決してそれを不満に思わなかったが、それはなぜであったか。財物を出すことが、かえって民衆の利益にかなっていたからである。してみると、楽器の場合にも、このようにかえって民衆の利益にかなうということなら、自分は決してそれを非難したりはしない。また、楽器を使うことも、聖王が舟や車を作った場合と同じように、民衆の利益にかなうのなら、自分は決してそれを非難したりはしないのである。

〈壌坦〉壌は土壌、坦は壇と同じで土の台。
〈措斂〉籍斂と同じで租税のとりたてのこと。措と籍とは音が同じで通用する。
〈財齎〉財物と同じ。齎は人に贈る物、与える物。
（1）原文は「雖無造為楽器」。「雖」を「惟」と通ずるとし、「無」を意味のない助字とみるのは、王念孫の説である。

三　民に三患《かん》あり。飢《う》うる者食を得ず、寒き者衣を得ず、労する者息《いこ》うを得ず。三者は民の巨《きょ》患《かん》なり。然らば即《すなわ》ち当《こころ》みにこれが為《ため》に巨鐘《きょしょう》を撞《つ》き、鳴鼓《めいこ》を撃《う》ち、琴瑟《きんしつ》を弾《ひ》き、竽笙《うしょう》を吹き、而《しか》して干戚《かんせき》を揚《あ》げんに、民の衣食の財、将《はた》安《こ》に得て具《そな》うべけんや。即ち我以《もっ》て未《いま》だ必ずしも然らずと為《な》すなり。意《ある》いは此《こ》れを舎《お》かん。今、大国即ち小国を攻むるあり、大家即ち小家を伐《う》つあり。強は弱を劫《おびや》かし、衆は寡《か》を暴《そこな》い、詐《さ》は愚《ぐ》を欺《あざむ》き、貴は賤に傲《おご》り、寇乱《こうらん》盗賊並び興りて、禁止すべからざるなり。然らば即ち当みにこれが為に巨鐘を撞き、鳴鼓を撃ち、琴瑟を弾き、竽笙を吹き、而して干戚を揚げんに、天下の乱や、将安に得て治むべけんや。即ち我以て未だ必ずしも然らずと為すなり。是《こ》の故《ゆえ》に子墨子曰わく、姑《しば》らく嘗《こころ》みに厚く万民に措斂し、以て大鐘・鳴鼓・琴瑟・竽笙の声を為し、以て天下の利を興し天下の害を除かんことを求むるも、而《しか》も補《たす》くるなきなり、と。是の故に子墨子曰わく、楽を為すは非なり、と。(1)

民衆の生活には三つの心配ごとがある。飢えていても食物が得られず、寒さにふるえていても衣服が得られず、疲労がはげしくても休息ができないことである。この三つは民衆にとっての大きな心配ごとである。それではためしに、これらの民衆のために、大きな鐘《かね》を撞《つ》き、よく鳴る鼓《つづみ》をうち、琴や瑟《おおごと》をひき、竽《こぶえ》や笙《おおぶえ》を吹いて、さらに楯《たて》や斧《おの》の道具をもって舞いを舞ってみよう。民衆の衣食の必需品がはたしてそれで整えられるであろうか。自分としては必ずしもそうはならないと思う。

ところで、それはさておき、いま大国が小国を侵略したり、大きな家が小さな家を侵害することが行なわれ、強い者が弱い者をおどし、多勢の者が少数の者に乱暴し、ずる賢い者が愚鈍な者をあざむき、身分の高い者が賤《いや》しい者をばかにするというわけで、乱暴や騒動や盗賊がいっせいにおこって止めることのできないありさまである。それではためしに、これに対する処置として、大きな鐘を撞き、よく鳴る鼓をうち、琴や瑟をひき、竽や笙を吹いて、さらに楯や斧の道具をもって舞いを舞ってみよう。世界の混乱がはたしてそれで治められるであろうか。自分としては必ずしもそうはならないと思う。

こういうわけで、墨子先生はいわれた、「こころみに万民からたくさんの租税をとりたてて、大きな鐘やよく鳴る鼓、琴や瑟、竽や笙の音楽をかなでて、それで世界の利益を興して世界の害を除きたいと考えても、それはむだであろう」と。だから、墨子先生は「音楽好きはよくない」といわれるのである。

(1) このあと原文では、音楽のため労働力と労働時間がへることをあげ、音楽好きを悪いとする意見が述べられている。

*音楽によって与えられる精神的な慰安などを問題としていないのは、ものたりないことに思える。墨子の実利主義的な立場がそうさせているのではあるが、また当時の音楽のあり方が、単に貴族の奢侈と民衆の苦痛を増すだけのものであったということを考えなければならない。

四　今、人は固《もと》より禽獣《きんじゅう》・麋鹿《びろく》・蜚鳥《ひちょう》・貞虫《ていちゅう》と異《こと》なる者なり。今これ禽獣・麋鹿・蜚鳥・貞虫は、其の羽毛に因《よ》りて以て衣裘《いきゅう》と為し、其の蹄蚤《ていそう》に因りて以て絝屨《こく》と為し、其の水草に因りて以て飲食と為す。故に雄《おす》をして耕稼樹芸《こうかじゅげい》せず、雌《めす》をして亦《また》紡績織紝《しょくじん》せざらしむと雖《いえど》も、衣食の財は固より已《すで》に具《そな》わる。今、人は此れと異なる者なり。其の力に頼る者は生き、其の力に頼らざる者は生きず。君子強《つと》めて治を聴《き》かざれば、即ち刑政乱れ、賤人《せんじん》強めて事に従わざれば、即ち財用足らず。

今、天下の士君子《しくんし》、吾《わ》が言を以て然りとせざれば、然らば即ち姑《しば》らく嘗《こころ》みに天下の分事を数えて、楽《がく》の害を観《み》ん。王公大人は蚤《はや》く朝《ちょう》し晏《おそ》く退き、獄《ごく》を聴き政を治む、此れ其の分事なり。士君子は股肱《ここう》の力を竭《つく》し、其の思慮の智を亶《つく》し、内は官府を治め、外は関市山林沢梁《たくりょう》の利を収斂《しゅうれん》して、以て倉廩《そうりん》府庫を実《みた》す、此れ其の分事なり。農夫は蚤く出《い》で暮れて入り、耕稼樹芸して、多く叔粟《しゅくぞく》を聚《あつ》む、此れ其の分事なり。婦人は夙《はや》く興《お》き夜《おそ》く寝《い》ね、紡績織紝し、多く麻糸葛緒《かっしょ》を治めて布繰《ふそう》を綑《お》る、此れ其の分事なり。

今、惟《ただ》、王公大人に在《あ》りて、楽を説《よろこ》びてこれを聴かば、即ち必ず蚤く朝し晏く退き、獄を聴き政を治むること能《あた》わず。是《こ》の故に国家乱れて社稷《しゃしょく》危うし。今、惟、士君子に在りて楽を説びてこれを聴かば、即ち必ず股肱の力を竭し、其の思慮の智を亶し、内は官府を治め、外は関市山林沢梁の利を収斂して、以て倉廩府庫を実すこと能わず。是の故に倉廩府庫は実ず。今、惟、農夫に在りて、楽を説びてこれを聴かば、即ち必ず蚤く出で暮れて入り、耕稼樹芸し、多く叔粟を聚むること能わず。是の故に叔粟は足らず。今、惟、婦人に在りて、楽を説びてこれを聴かば、即ち必ず夙く興き夜く寝ね、紡績織紝し、多く麻糸葛緒を治めて布繰を綑ること能わず。是の故に布繰は興らず。

曰わく、孰《なん》の為《ため》にして大人の治を聴き、賤人の事に従うを廃するか、と。曰わく、楽なり、と。是の故に子墨子曰わく、楽を為すは非なり、と。(1)

いったい、人間は、禽獣や鹿の類や飛鳥や動物の類とはもちろん違ったものである。禽獣や鹿の類や飛鳥や動物の類といったものは、その羽毛をそのまま自分の着物にし、そのひづめや爪《つめ》をそのまま自分のすね当てや履《は》き物にし、自然の水や草をそのまま飲食している。だから、たとえ雄が耕作や植えつけをせず、雌もまた糸をつむいだり織りものをしたりしなくても、衣食の必需品はもともと備わっているのである。しかし、人間はこれとは違ったものである。自分の能力を働かす者は生きてゆけるが、自分の能力を働かさない者は生きてゆけない。もし為政者が努力して政治にあたらなければ、法律や行政は乱れ、庶民が努力して仕事につとめなければ、資財や費用は足りなくなる。

いま世界じゅうの知識人たちが、もし自分のいうことを正しくないとするなら、それならばためしに、世界じゅうの人々の仕事をとりあげて、それについて音楽の害を明らかにしよう。王侯貴族は、早朝から夕方まで朝廷に出て訴訟をきき政務を処理するが、それこそが彼らの職分である。高官の人々は、手足の力と考えめぐらした知恵とを出しつくして、内は役所の仕事を処理し、外は関所や市場の税と山林沼沢地の利益とを収めて、国家のあらゆる倉庫を充実させるが、それこそが彼らの職分である。農民は、早朝から暮れ方まで外にいて耕作や植えつけにはげみ、たくさんの穀物を収穫するが、それこそが彼らの職分である。さらに婦人は、早朝から夜おそくまで糸つむぎや織り物にはげみ、麻や絹や葛《くず》や紵《いちび》の糸をたくさんつくり、また布《あさぬの》や帛《きぬぎれ》をたくさん織るが、それこそが彼女らの職分である。

そこで、いま王侯貴族の場合、もし音楽を愛好してそれを聞いてばかりいれば、早朝から夕方まで朝廷に出て訴訟をきき政務を処理するということは、きっとできなくなるであろう。したがって国家は乱れて危険になるのである。そこでまた高官の人々の場合、もし音楽を愛好してそれを聞いてばかりいれば、手足の力と考えめぐらした知恵とを出しつくして、内は役所の仕事を処理したり、外は関所や市場の税と山林沼沢地の利益とを収めて国家の倉庫を満たしたりすることは、きっとできなくなるであろう。したがって国家のあらゆる倉庫は満たされないのである。そこでまた農民の場合、もし音楽を愛好してそれを聞いてばかりいれば、早朝から暮れ方まで外にいて耕作や植えつけにはげみ、たくさんの穀物を収穫するということは、きっとできなくなるであろう。したがって穀物は不足するのである。そこでまた婦人の場合、もし音楽を愛好してそれを聞いてばかりいれば、早朝から夜おそくまで糸つむぎや織りものにはげみ、麻や絹や葛や紵の糸をたくさんつくり、布や帛をたくさん織るということは、きっとできなくなるであろう。したがって布や帛はたくさんできないのである。

では、このように為政者が政治を行ない庶民が仕事をすることが妨げられるのは、いったい何のためであろうか。それは音楽である。こういうわけで、墨子先生は「音楽好きはよくない」といわれるのである。

〈麋鹿・蜚鳥・貞虫〉「麋」は大鹿。「蜚」は「飛」と同じ。「貞虫」は征虫と同じであらゆる動物のこと。

〈股肱の力〉「股」は足のもも、「肱」は手のひじ。「股肱」で頼みとするものという意味があるが、ここでは文字どおり手足の力の意味で、下の思慮に対して肉体的な労力をいう。

〈山林沢梁〉「沢」は沼沢。「梁」は流れに設けるやな、魚をとる設備。節葬篇第四章に士君子の仕事として「草木を辟《ひら》く」というのがあったが、それと同じような仕事である。

〈倉廩府庫〉「倉」は穀物のくら、「廩」は米ぐら、「府」は財物宝幣のくら、「庫」は器物のくら。

〈叔粟〉「叔」は「菽」と同じ、豆のこと。「粟」はもみ米。

(1) このあと原文では、古典を引いて、音楽を盛んにしたために悪くなった例を二、三あげている。

＊この章のはじめ、人間と禽獣などとの違いを生産的勤労の有無によってとらえたことは、たい

へん特色がある。そして「其の力に頼る者は生き、其の力に頼らざる者は生きず」という原則の主張は、きわめて新鮮なひびきを持っている。墨子の特色がよくうかがえるであろう。

五　是の故に子墨子曰わく、今、天下の士君子《しくんし》、請《まこと》に天下の利を興《おこ》し、天下の害を除くを求めんと将欲《ほっ》すれば、楽の物たるに在《あ》るが当《ごと》きは、将《まさ》に禁じて止《とど》めざるべからざるなり、と。

以上のようなわけで、墨子先生はいわれた。いま世界じゅうの知識人たちは、もし本当に世界の利益になることを興して、世界の害になることを除くのに努力しようとするなら、音楽などといったようなものは、きっと固く禁止しなければいけない。

第三十五　非命《ひめい》篇　上

運命や宿命の存在を信ずる者に対する反論である。人間としての勤労努力を強調する立場から、宿命論に反対する。なお、同主旨を反復している第三十六非命篇中・第三十七非命篇下はここでは省略した。

一　子墨子《しぼくし》言いて曰《い》わく、今者《いま》、王公大人の政を国家に為《な》す者、みな国家の富み、人民の衆《おお》く、刑政の治まるを欲《ほっ》す。然《しか》り而《しこう》して富を得ずして貧を得、衆を得ずして寡《か》を得、治を得ずして乱を得《う》。則《すなわ》ち是《こ》れ本其《もとそ》の欲する所を失いて其の悪《にく》む所を得《う》、と。是の故《ゆえ》何ぞや。

子墨子言いて曰わく、有命《ゆうめい》を執《と》る者、以て民間に襍《まじ》る者衆ければなり。有命を執る者の言に曰わく、命《めい》富むなれば則ち富み、命貧しければ則ち貧しく、命衆ければ則ち衆く、命寡《すく》なければ則ち寡なく、命治まるなれば則ち治まり、命乱るるなれば則ち乱れ、命寿《じゅ》なれば則ち寿、命夭《よう》なれば則ち夭なり。力、強勁《きょうけい》なりと雖《いえど》も(1)、何の益あらんや、と。上は以て王公大人に説き、下は以て百姓《ひゃくせい》の事に従うを阻《はば》む。故に有命を執る者は不仁なり。故に有命を執る者の言の当《ごと》きは明らかに弁《べん》ぜざるべからず、と。

墨子先生のおっしゃったことは次のようである。

いま、王侯貴族で国家の政治を行なっている人々は、みな国家が豊かになり、住民がふえ、法律や行政がうまく行なわれることを望んでいる。しかし、それにもかかわらず、豊かにならないで貧しくなり、住民がふえないで少なくなり、うまく治まらないで乱れているというのが現状であるが、これはもともとその望むことが実現されないで、嫌《きら》うことが実現しているのである。

これはいったいどうしたわけであろうか。

墨子先生がおっしゃったことは次のようである。

それは、宿命の存在を主張する者が、たくさん民衆のあいだにまじっているからである。宿命の存在を主張する者のことばでは、「豊かになる宿命があれば豊かになるし、貧しくなる宿命があれば貧しくなる。ふえる宿命があればふえるし、減る宿命があれば減る。治まる宿命があれば治まるし、乱れる宿命があれば乱れる。長生きの宿命があれば長生きするし、若死にの宿命があれば若死にする。強い体力があったところで、何の役に立とうか」という。そして、この議論で、上は王侯貴族に説き、下は一般民衆の仕事を妨げている。そこで、宿命の存在を主張する者は、思いやりがないのである。だから、宿命の存在を主張する者のことばについては、その誤りをはっきりさせておかねばならない。

〈命〉運命・宿命の意。墨子が否定するものは特に宿命論である。実利的な勤労主義の立場から、人間の努力を強調した墨子にとって、それは許しがたいものであった。天志を認めながら運命を認めないのは矛盾のようであるが、天志は人間世界を利益する兼愛交利という目的に合った内容を持つのに対して、運命・宿命は無目的の非合理的なもので、人間的な努力を妨げる。宿命論を否定したのはそのためである。

（1）原文は「命雖強勁」とある。陶鴻慶の『読諸子札記』の説にしたがって「命」を「力」に改めた。

二　然《しか》らば、則ち明らかに此の説を弁ずるには、将《まさ》に奈何《いかん》せんか。子墨子言いて曰わく、言《げん》に必ず儀《ぎ》を立てん。言いて儀なきは、譬《たと》えば猶運均《なおうんきん》の上にして朝夕《ちょうせき》を立つる者のごときなり。是非《ぜひ》利害の弁、得《え》て明らかに知るべからざるなり。故に言に必ず三表あり、と。何をか三表と謂《い》う。子墨子言いて曰わく、これを本《もと》づける者あり。これを原《たず》ぬる者あり。これを用うる者あり。何に於《お》いてこれを本づけん。上《かみ》これを古《いにしえ》者の聖王の事に本づけん。何に於いてこれを原ねん。下百姓《しもひゃくせい》の耳目《じもく》の実を原ね察せん。何に於いてこれを用いん。廃《はっ》し（1）て以て刑政と為《な》し、其の国家百姓人民の利に中《あ》たるを観《み》る。此れ所謂《いわゆる》、言に三表あるなり、と。

それでは、この宿命論の誤りをはっきりさせるには、いったいどうしたらよいか。墨子先生がおっしゃったことは次のようである。

議論には一定の標準を立てる必要がある。議論をして一定の標準がないと、たとえばちょうど回転する轆轤《ろくろ》の上に測量器を立てて方角をきめようとするようなものだ。正しいか誤りか、利益になるか害になるかという区別は、それではとうていはっきりとわからない。だから議論には三つの標準が必要である。

それでは、三つの標準とは何をいうのか。

墨子先生がおっしゃったことは次のようである。

それは、議論を根拠づけること、議論をはかり考えること、議論を実用してみること、の三つである。何に根拠を求めるのかといえば、上はむかしの聖王の事績に根拠を求めるのである。何についてはかり考えるのかといえば、下は民衆の見聞した事実によってはかり考えるのである。どこに実用するのかといえば、それを法律や行政のうえにあらわして、国家のすべての人々の利益にかなうかどうかを確かめてみるのである。以上が、いわゆる議論に三つの標準があるということである。

〈運均の上に…〉運均は陶工が用いる回転具。その上に土くれをのせて回しながら茶碗などを作る。ろくろ。朝夕は測量器。地面に立てて日影をはかり、東西の方位を定める木の杭。回転するろくろの上に測量器を立てても、方位は定まらない。

（1）「廃」は「発」と通用する。

＊「言に三表あり」の主張は、墨子の議論の科学的な性格を示していて特色がある。議論の根拠

を聖王の書に求めるのはともかくとして、見聞の実際と実施した効果とによって議論の正当性を証明しようとする態度は、その経験主義の立場を示すものとして注目すべきである。

三　然《しか》り而《しこう》して、今、天下の士君子《しくんし》、或《ある》いは命《めい》を以て有りと為《な》すものあり。蓋《けだ》し嘗《こころ》みに尚《かみ》に聖王の事を観《み》ん。古者《いにしえ》、桀《けつ》の乱りたる所、湯《とう》受けてこれを治め、紂《ちゅう》の乱りたる所、武王受けてこれを治む。此れ世《よ》は未《いま》だ易《かわ》らず、民は未だ渝《かわ》らざるに、桀・紂に在《あ》りては則ち天下乱れ、湯・武に在りては則ち天下治まる。豈《あに》命ありと謂《い》うべけんや。(1)

ところで、いま世界の知識人のあいだでは、宿命があると信じている者がある。しかし、こころみに古くさかのぼって、聖王の事績について考えてみよう。むかし夏《か》の桀《けつ》王が混乱させた世界は、殷《いん》の湯《とう》王がそれを受けてうまく治めたし、殷の紂《ちゅう》王が混乱させた世界は、周の武王がそれを受けてうまく治めた。してみると、世界が変わったわけでもなく、民衆が変わったわけでもないのに、桀や紂の場合には世界が混乱し、湯王や武王の場合には世界がうまく治まったのである。すべて人しだいであって、宿命があるなどとどうしていえようか。

(1) いわゆる「三表」のうち、議論の根拠づけという第一の標準にひきあてているのがこの章である。このあと、原文では「先王の書」すなわち権威のある古典の中に宿命論的な表現のないことを述べて、第一を終わる。さらに、宿命論が世界の正義にそむき、民衆の利益に反すると説いて、湯王・武王の例についてそれを証明する。それが第二と第三との標準をあわせた説き方になっている。

四　有命を執《と》る者の言に曰わく、上の賞する所は、命固《もと》より且《まさ》に賞せられんとす。賢なるが故《ゆえ》に賞せらるるには非《あら》ざるなり、と。是《こ》の故に入りては則ち親戚に慈孝ならず、出《い》でては則ち郷里に弟長ならず。坐処《ざしょ》に度《ど》あらず、出入に節なく、男女に弁なし。是の故に官府を治むれば則ち盗窃《とうせつ》し、城を守れば則ち崩叛《ほうはん》す。君に難あるも則ち死せず、出亡するも則ち送らず。此《こ》れ上の罰する所にして、百姓の非毀《ひき》する所なり。

有命を執る者の言に曰わく、上の罰する所は、命固より且に罰せられんとす。暴なるが故に罰せらるるには非ざるなり、と。此れを以て君たれば則ち不義、臣たれば則ち不忠、父たれば則ち不慈、子たれば則ち不孝、兄たれば則ち不長、弟たれば則ち不弟なり。而《しか》るに強《し》いて此れを執るは、此れ特《ただ》凶言《きょうげん》の自《よ》りて生ずる所にして、暴人の道なり。

然らば則ち何を以て命の暴人の道たることを知るや。昔の上世《じょうせい》の窮民、飲食に貪《むさぼ》り、事に従うに惰《おこた》る。是《ここ》を以て衣食の財足《た》らずして飢寒凍餒《きかんとうたい》の憂《うれ》い至る。我罷不肖《ひふしょう》にして事に従うこと疾《つと》めずと曰《い》うを知らず、必ず我が命固より且に貧ならんとすと曰う。昔の上世の暴王、其の耳目《じもく》の淫《いん》、心志の辟《へき》に忍ばず、其の親戚に順《したが》わず、遂《つい》に以て国家を亡失し社稷《しゃしょく》を傾覆《けいふく》す。我罷不肖にして政を為《な》すこと善《よ》からずと曰うを知らず、必ず吾《わ》が命固よりこれを失うと曰う。(1)

宿命の存在を主張する者のことばでは、「お上《かみ》の賞をうけるのは、運命としてもともと賞をうけることになっていたのであって、すぐれているから賞をうけるというものではない」という。したがってこういう考えでは、内は家庭の中で親の慈愛も子の孝行もなく、外は郷里の交わりで年少と年長との礼儀もなく、日常の動作にも節度を守らず、男女のあいだもでたらめになる。そこで役所の仕事をさせると盗みを働き、城を守らせるとくじけてねがえりをうち、主君に危難があっても命を投げ出して救うことをせず、主君が亡命することになっても見送りもしない。このような行為は、お上の処罰することであり、一般民衆の非難しそしることである。

宿命の存在を主張する者のことばでは、「お上の罰をうけるのは、運命としてもともと罰をうけることになっていたのであって、でたらめをしたから罰をうけるというものではない」という。こういう考えでいると、君主としても正しいことをせず、臣下としても忠義を尽くさず、父としても慈愛をかけず、子としても孝行を尽くさず、兄としても兄らしくせず、弟としても弟らしくしないことになる。宿命論にはこのように欠点があるのに、しかもなお強くそれを主張することは、これは単に世のためにならない議論を生み出す温床であって、でたらめな人間のすることである。

それでは、宿命を説くことがでたらめな人間のすることだというのは、どうしてわかるのか。むかしずっと古い時代の貧窮した民衆は、飲食をむさぼるばかりで仕事をすることは怠《なま》けていた。

したがって、衣類や食糧の必需品は不足して、飢えにたおれ寒さにこごえて死ぬという事態にたち至った。しかも人々は、「自分がばかで、仕事にはげまなかったからだ」ということを知らないで、必ず「自分の運命がもともと貧乏ということになっていたのだ」といっていた。また、むかしずっと古い時代のでたらめな王たちは、感覚的なはげしい欲望や悪い心の働きをおさえることができないで、父母の戒めにもしたがわなかったために、とうとう国家を滅亡させ国家の守り神をもほろぼしてしまった。しかも、王たちは「自分がばかで、政治のしかたが悪かったからだ」ということを知らないで、必ず「自分の運命がもともと国家を失うことになっていたのだ」といっていた。

〈入りては則ち親戚に慈孝ならず…〉「親戚」は父母の意味。ここで「慈孝」「弟長」といい、下文でまた「君たれば不義、臣たれば不忠」というように、相務的な道義を説いていることは、墨子の思想的立場を示すものとして注意すべきことである。儒教のほうでは「入りては則ち孝、出でては則ち悌《てい》」と、下からの一方的道義を説くのがふつうである。

(1) このあと、原文では『書経』のことばを引いて、桀と紂とが宿命でなくみずからの罪によって亡国をまねいたことを述べている。

＊宿命論を否定する根拠がどこにあるか、この章はそれをよく示している。なにごとも宿命だとかたづけてあきらめてしまうことを、墨子は警戒しているのである。人間の生活の改善は人間自

身の努力によってひらかねばならない。「自分が愚かで、自分のなすべきことをしなかった」「自分が愚かで、自分の政治のしかたが悪かった」と自覚することは、社会的な問題に対する人間としての責任を自覚することである。『荀子』の天論篇の主張とも関係する貴重な主張である。

五　今、有命を執《と》る者の言を用うれば、則ち上《かみ》治を聴《き》かず、下《しも》事に従わず。上治を聴かざれば則ち刑政乱れ、下事に従わざれば則ち財用足《た》らず。上は以て粢盛酒醴《しせいしゅれい》を供し、上帝鬼神を祭祀するなく、下は以て天下の賢可の士を降綏《こうすい》するなく、外は以て諸侯の賓客に応待するなく、内は以て飢《う》えに食《くら》わせ寒さに衣《き》せ、老弱を持養するなし。故に命は、上は天に利あらず、中は鬼に利あらず、下は人に利あらず。而《しか》るに強《し》いて此れを執るは、此れ特《ただ》凶言の自《よ》りて生ずる所にして、暴人の道なり。是の故に子墨子言いて曰わく、今、天下の士君子、忠実《まこと》に天下の富を欲《ほっ》して其の貧を悪《にく》み、天下の治を欲して其の乱を悪まば、有命を執る者の言は、非とせざるべからず。此れ天下の大害なればなり、と。

さて、宿命論を主張する者の意見を用いるとすれば、ここにみてきたように、上の者は政治を怠り、下の者は仕事につとめないことになる。上の者が政治を怠れば、法律や行政が乱れ、下の者が仕事につとめなければ、資財や費用は足らなくなる。したがって、供物や酒をお供えして上帝や鬼神を祭ることができず、また他方では世界じゅうのすぐれたりっぱな士人を養って安楽にさせることができず、外は諸侯からつかわされた賓客をもてなすこともできず、内は飢えと寒さに苦しむ者に衣食を与え、老人や幼児を大切に養うことができない。

だから、宿命論では、上は天のためにならないし、中は鬼神のためにならず、下は人のためにならない。それにもかかわらず、なお強く宿命論を主張することは、これは単に世のためにならない議論を生み出す温床であって、でたらめな人間のすることである。

このようなわけで、墨子先生のおっしゃったことは次のようである。

いま世界じゅうの知識人は、もし本当に世界が豊かになることを望んで貧しいことを嫌い、世界が秩序よく治まることを望んで乱れることを嫌うというのならば、宿命論を主張する者の意見は、ぜひとも否定すべきである。これこそ世界にとっての大きな害悪だからである。

第三十九　非《ひ》儒《じゅ》篇　下

儒家の学派をきびしく非難攻撃する篇である。儒家の論説、その派の人々の行為、祖師である孔子などをとりあげる。なお、第三十八非儒篇上は本文原本が欠けて現存していない。

一　儒者《じゅしゃ》曰《い》わく、親《しん》を親《した》しむに術《さい》あり、賢《けん》を尊ぶに等《とう》あり、と。親疎尊卑《しんそそんぴ》の異《い》を言うなり。其《そ》の礼に曰わく、喪《も》は、父母には三年、妻と後子《こうし》には三年、伯父《はくほ》・叔父《しゅくほ》・弟・兄・庶子には其《き》。戚族人《せきぞくじん》には五月、と。

若《も》し親疎を以て歳月の数と為《な》さば、則ち親《しん》なる者は多くして疎なる者は少なし。是れ妻と後子は父と同じきなり。若し尊卑を以て歳月の数と為さば、則ち是れ其の妻と子を尊ぶこと父母と同じくして、伯父・宗兄《そうけい》を視《み》ること卑子《ひし》の而《ごと》きなり。逆、孰《いず》れか焉《こ》れより大ならん。其の親《おや》死すれば、尸《し》を陳《つら》ねて斂《れん》せず、屋《おく》に登り井《せい》を窺《うかが》い、鼠穴《そけつ》を挑《ほ》り、滌器《できき》を探りて其の人を求む。以て実《まこと》に在《あ》りと為さば、則ち戇愚《ちょうぐ》甚《はなは》だし。其の亡きを知りて必ず焉れを求むれば、偽《ぎ》亦《また》大なり。

儒家《じゅか》の人々は「血縁の者と親しむにも差別があり、すぐれた者を尊重するにも等級がある」という。それは、血縁の濃い者と薄い者、身分の高い者と低い者との間に区別をつけることをいうのである。儒家の礼の定めによると、死者の喪《も》に服するのは、父母に対しては三年、妻と後継ぎの長男にも三年、伯父・叔父・兄弟と妾腹の子どもに対しては一年、一族の中の血縁の濃い人には五ヵ月の期間だという。

もし血縁の濃い薄いで喪の期間に区別をつけたということなら、濃い者は長くて、薄い者は短いはずである。ところが、この礼によると、妻と後継ぎの長男は父と同じになっている。またもし身分の高下で喪の期間に区別をつけたということなら、これはまたその妻や子どもを父母と同じように尊重して、伯父や本家の兄たちを妾腹の子どもと同じにみなしている。これほど大きなさかさまごとはなかろう。

さらに儒家の葬礼をみると、親が死んだときにはすぐには棺に入れないで、屍体をそのまま寝かせておき、屋根に登ったり、井戸をのぞいたり、鼠《ねずみ》の穴をほじくったり、手洗い鉢《ばち》の中をさぐったりして、なくなった人の霊魂をさがし求めるのである。もし本当に霊魂があると思ってそうするのなら、これはばかもはなはだしい。しかしまた、そんなものはないとわかっていて、むりにさがすというのなら、これはまた偽善もはなはだしい。

〈術《すい》〉「殺」の字と通ずる。等級差別の意。
〈父母には三年…〉儒家の葬礼については節葬篇にもみえた。そこではその贅沢な手厚さを攻撃したが、ここでは、服喪期間の区別が合理的でないとして攻撃する。

〈其《き》〉「期」の字と通ずる。一年の意。

〈屋に登り……〉『儀礼』士喪礼篇などにみえる「復」(死者の霊魂をよびもどすたまよばいの儀式)のことをさしているらしい。ただし、「井を窺い」よりあとのことは、儒家の記録にはない。

＊親の霊魂をさがし求める儀礼を非難していることは、すこぶる合理的であるが、ここで霊魂の存在を認めていないようであるのは、さきの明鬼篇での主張と矛盾する。非儒篇の作者が、墨子の時代よりは、かなり後の人だからであろう。

二　妻《めと》を取るに身《み》ずから迎え、袨端《げんたん》して僕《ぼく》と為《な》り、轡《くつわ》を秉《と》り綏《すい》を授け、厳親《げんしん》を仰ぐが如《ごと》し。昏礼《れい》の威儀は、祭祀を承《う》くるが如し。上下を顚覆《てんぷく》し、父母に悖逆《はいぎゃく》す。父母は下って妻子に則《のっと》り、妻子は上って親に事《つか》うるを侵《おか》す。此《か》くの若《ごと》きは孝と謂《い》うべけんや。儒者曰わく、妻を迎うるはこれと祭祀を奉じ、子は将《まさ》に宗廟《そうびょう》を守らんとするが故《ゆえ》にこれを重んず、と。これに応《こた》えて曰わく、此れ誣言《ふげん》なり。其の宗兄、其の先の宗廟を守ること数十年なるに、死すればこれに喪《も》すること其《き》なり。兄弟の妻、其の先の祭祀を奉ずるも服あらず。則ち妻子に喪すること三年なるは、必ず宗廟を守り祭祀を奉ずるを以てに非《あら》ざるなり。夫《そ》れ妻子に憂《あつ》きは以《すで》に大負絫《ふるい》なるに、また曰わく、親を重んずる所以《ゆえん》なり、と。至私なる所を厚くせんと欲《ほっ》するが為《ため》に至重《しじゅう》なる所を軽《かろ》んず。豈大姦《あにたいかん》に非ずや、と。

また、儒家の婚礼をみると、妻をめとるときには夫が自分で迎えに行く。黒い礼服を着こんで御者となり、馬の手綱《たづな》をとったり、乗るときのすがり綱《づな》を花嫁にとってやったり、まるで尊厳な親につかえるようなことをする。婚礼の儀式はまたまるで祖先の祭祀を行なっているかのようである。上と下とをひっくりかえして、父母に逆《さか》らいもとり、父母は下って妻子と同等になり、妻子は上って父母につかえることをしなくなる。こういうありさまで孝行といえるであろうか。

儒家の人々は、「妻を迎えるのは、いっしょに祖先の祭祀を行なおうとするからであり、子どもは、やがては祖先の宗廟《おたまや》を守るものだから、重んずるのだ」という。これにこたえよう。これは詭弁《きべん》である。本家の兄が、その祖先の宗廟を守りつづけて数十年になっていても、彼が死んだときには、喪《も》は一年だけである。また、兄弟の妻は、やはりそれぞれ祖先の祭祀を助けているのに、彼女らが死んだときには喪に服さない。それでいて、自分の妻子には三年の喪に服するのである。これでは、きっと宗廟を守るとかお祭りをするということが理由なのではあるまい。そもそも、妻子だけを大切にするということがすでに大きな過失であるのに、さらにまたいつくろって、妻子を大切にするのは、親を重んずるためだという。最も私的なこと、すなわち妻子への愛情をじゅうぶんとげたいがために、最も大切なこと、すなわち親への孝行をおろそかにしているのである。なんとはなはだしいでたらめではないか。

〈身ずから迎え…〉『儀礼』の士昏礼篇、『礼記』の昏義篇などにみえる「親迎」の礼をさしている。

三　また強《つと》めて有命を執《と》り、以て説議して曰わく、寿夭《じゅよう》貧富安危治乱は、固《もと》より天命あり、損益すべからず。窮達賞罰幸否は極あり、人の知力は為《な》すこと能《あた》わず、と。群吏《ぐんり》これを信ずれば、則ち分職に怠《おこた》り、庶人これを信ずれば、則ち事に従うに怠る。吏《り》治めざれば則ち乱れ、農事緩《ゆる》めば則ち貧し。貧しくして且《か》つ乱るるは、政の本《もと》に倍《そむ》く。而《しか》して儒者は以て道教と為す。是《こ》れ天下の人を賊《そこな》う者なり。

且つ夫《そ》れ礼楽を繁飾《はんしょく》して以て人を淫《みだ》し、久喪《きゅうそう》偽哀《ぎあい》以て親を謾《あざむ》き、命《めい》を立て貧に緩《ゆる》くして高く浩居《こうきょ》し、本に倍き事を棄《す》てて怠傲《たいごう》に安んじ、飲食に貪《むさぼ》り、作務《さむ》に惰《おこた》り、飢寒《きかん》に陥《おちい》り、凍《とう》餒《たい》に危うきも、以てこれを違《さ》くるなし。是れ乞人《きつじん》の若《ごと》く鼸鼠《けんそ》に蔵して羝羊《ていよう》に視《み》、賁彘《ふんてい》に起《た》つ。君子これを笑えば、怒りて曰わく、散人《さんじん》、焉《なん》ぞ良儒を知らん、と。(1)

夫れ夏には麦禾《ばくか》を乞《こ》い、五穀既《すで》に収むれば、大喪《たいそう》に是れ随い、子姓みな従いて、飲食に厭《あ》くを得たり。畢《ことごと》く数喪を治むれば、以て至すに足る。人の家に因《よ》りて翠《すい》と為し、人の野を恃《たの》みて尊と為す。(2)富人に喪あらば乃《すなわ》ち大いに説喜《えつき》して曰わく、此れ衣食の端なり、と。

儒家の人々は、また強く宿命論の立場をとって議論し、「長生きするか若死にするか、貧乏か金持か、安楽か危険か、治まるか乱れるかということには、もともときまった宿命があって、それを左右することはできない。困窮するか栄達するか、賞をうけるか罰をうけるか、幸福か不幸かということにも、きまりがあって、人間の知恵や能力ではどうすることもできない」という。もし役人たちがそれを信じたなら、その職分を怠けるであろうし、庶民がそれを信じたなら、その仕事を怠けるであろう。そして役人が仕事を処理しなければ、社会の秩序は乱れるし、庶民が農業につとめなければ、国は貧しくなる。貧しくてさらに乱れるという事態は、政治の基本にそむくことである。それなのに儒家の人々は、この宿命論を道とし教えとしている。これは世界じゅうの人々を害するものである。

さらにまた彼らは、儀礼や雅楽をけばけばしくして人々を贅沢《ぜいたく》にさせ、長い喪とうわべだけの悲哀で親をあざむいている。また運命に甘んじ貧乏に落ち着いて傲然《ごうぜん》と高ぶり、農業には務めず仕事もしないで怠惰《たいだ》に慣れ、飲食ばかりをむさぼって務めを果たすことを怠けている。こうして結局は飢えと寒さにおちこんで、凍死と餓死の危険にさらされても、それを逃れることはできない。

彼らは夏のあいだは麦などを物乞いする。冬になって世の中の五穀がすっかり蔵に入れられてしまうと、大きな葬儀の出るところをさがし求め、一族すべてを引きつれていって、そこで飲食にありつくのである。こうしていくつかの家の葬儀を処理すると、それでじゅうぶんにやってゆける。他人の家に頼って肥えふとり、他人の田野に頼って財をつくり、金持の家で死人があると、

「また暮らしのもとでができた」といって、大喜びをする。そのありさまは、ちょうど物乞いのようで、田鼠《はたねずみ》のように食物をほおばって口に貯え、牡羊《おひつじ》のように食物をさがし求め、見つかると猪《いのこ》のようにとび出す、というざまである。そして、君子がそれを笑うと、腹をたてて「ろくでなしに、すぐれた儒家のことがわかるものか」というのである。

〈鼸鼠〉田鼠ともいう。鼠の一種で、口中に袋を持ち、食べたものをほおばって貯えるという。
〈大喪に是れ随い〉儒家の人々が葬儀屋になって、死者のある家を求めて歩いたことをいう。『荘子《そうじ》』の中にも儒家が死人の墓をあばく話があり、悪意の宣伝であるとしても、ある程度儒家の下層の人々の生態を示すものとして興味深い。
(1)「是れ乞人の若く…」より以下の文は、陶鴻慶の説にしたがって、この章の最後に移して訳した。この章の結びに相当するからである。
(2)「尊」の字の意味はよくわからない。この字のほか、前後の文には必ず誤りがあると思われる。

四　儒者曰わく、君子必ず言服《げんぷく》を古《いにしえ》にして然《しか》る後《のち》に仁なり、と。これに応《こた》えて曰わく、所謂《いわゆる》古の言服は、みな嘗《かつ》て新し。而《しか》して古人《こじん》これを言いこれを服すれば、則ち君子に非《あら》ざるなり。然らば則ち必ず服は君子の服に非ず、言は君子の言に非ずして後に仁なるか、と。また曰わく、君子は循《したが》いて作《な》さず、と。これに応えて曰わく、古者《いにしえ》、羿《げい》は弓を作り、伃《ちょ》は甲を作り、奚仲《けいちゅう》は車を作り、巧垂《こうすい》は舟を作る。然らば則ち今の鮑函車匠《ほうかんしゃしょう》は、みな君子なり。而して羿・伃・奚仲・巧垂は、みな小人《しょうじん》なるか。且《か》つ其の循う所は、人必ずこれを作ることあり。然らば則ち其の循う所は、みな小人の道なり。(1)

儒家の人々は「りっぱな人間はむかしのことばを使ってむかしの服装をつける。そうしてこそ人格者だ」という。それに対してこたえよう。いわゆるむかしのことばとかむかしの服装も、当時はみな新しかった。そして古人はそれを使っていたのだから、りっぱな人間ではないことになる。そうだとすると、君たちの主張は、りっぱな人間でない者の服を身につけ、りっぱな人間でない者のことばを口にしてこそ、はじめて人格者だという、矛盾した結果になるであろう。

儒家の人々はまた「りっぱな人間は前例にしたがうだけで、創作はしない」という。それに対してこたえよう。むかし、羿《げい》ははじめて弓を作り、伃《ちょ》ははじめて鎧《よろい》を作り、奚仲《けいちゅう》ははじめて車を作り、巧垂《こうすい》ははじめて舟を作った。してみると、このごろの革細工師や鎧師や車作りや舟作りなどは、ただ前例に従うだけだからみなりっぱな人間だということになるし、羿や伃や奚仲や巧垂は、創作したのだからみなつまらない人間だということになるのか。それにいま従っている前例というものは、だれかがきっと以前に創作したものである。そうだとすると、いま従っていることは、すべてつまらない人間のしたことであって、りっぱな人間のすることではないのである。

〈言服を古にして…〉儒家の人々が古代の聖王に法《のっと》るとして、特別な服装や言語を用いたことをさしている。『孝経』にも「先王の法服に非ざれば、敢《あ》えて服さず、先王の法言に非ざれば、敢えて道《い》わず。

……」とある。

〈君子は循いて作さず〉『論語』述而篇に「述べて作らず」とあるのに当たる。

〈羿〉夏王朝の太康《たいこう》にそむいた有窮《ゆうきゅう》国の君で、弓の名人として有名であるが、弓を発明した羿はまた別人であろうともいわれる。

〈伃〉夏王朝の少康の子。車を作ったともいわれる。

〈奚仲〉夏につかえた。車を作ったというほかに、馬を車につなぐことを考えたともいう。

〈巧垂〉堯の時代の工人。

（1）このあと、同じように儒家の主張をあげて論破する。一つは「逃げる者を追わない」などという思いやりの徳、いま一つは「君子は鐘のようで、打てばひびくが打たねば鳴らない」という君子についての説明で、これらを論破する。そのあと、孔子の攻撃に移り、孔子の行為は、世界の利益を興して害を除くという大目的にあわないといい、それを孔子の事績について論証する。

五　孔某《こうぼう》は魯《ろ》の司寇《しこう》と為《な》り、公家《こうか》を舎《す》てて季孫《きそん》を奉ず。季孫は魯君に相《しょう》として走るに、(1)季孫、邑人《ゆうじん》と門関を争うとき植《しょく》を決す。(2)孔某は蔡陳《さいちん》の間に窮せるとき、藜羹《れいこう》、糂《さん》せざること十日なり。子路《しろ》為《ため》に豚を享《に》る。孔某は肉の由《よ》りて来たる所を問わずして食《くら》う。人の衣を褫《うば》いて以て酒を酤《か》う。孔某は酒の由りて来たる所を問わずして飲む。哀公の孔某を迎うるに、席端《ただ》しからざれば坐せず、割正《きりめ》しからざれば食わず。子路進みて請《こ》うて曰わく、何ぞ其《そ》れ陳蔡と反せるや、と。孔某曰わく、来たれ、吾女《なんじ》に語《つ》げん。曩《さき》には女と苟生《こうせい》を為すも、今は女と苟義を為す、と。夫《そ》れ飢約《きやく》なれば、則ち妄取《もうしゅ》して以て身を活《い》かすを辞せざるも、贏飽《えいほう》すれば、則ち行を偽《いつわ》りて以て自《みずか》ら飾る。汙邪詐偽《おじゃさぎ》なること、孰《いず》れか此れより大ならん。

孔《こう》なんとかいうお人は、魯《ろ》の国の司法大臣ともなりながら、魯の公室を重んじないで、実力者の季孫《きそん》にとりいった。季孫は魯の君とはりあって、他国に亡命することになったが、そのとき、季孫は国境をぬけ出すのに関所のかぎのことで村の人々と争った。孔という人は、早速に門をあけて季孫を逃がしてやった。

孔なんとかいうお人は、その旅行中に蔡《さい》と陳《ちん》との中間で行きなやみ、藜《あかざ》の汁ものだけで米粒もないありさまが十日もつづいた。門人の子路が、なんとか工面をして豚肉を煮てすすめたところ、孔なんとかいうお人は、どうして豚が手に入ったかをたずねもしないで食べてしまった。子路はまた人の衣服を追いはぎして、それで酒を買ってきたが、孔なんとかいうお人は、どうして酒が手に入ったかをたずねもしないで飲んでしまった。ところがその後、魯の哀公から招かれて宮廷に出むいたときには、ざぶとんが正しく敷かれていなかったのでそこに坐らず、肉の切り方が整っていなかったのでそれを食べなかった。子路が進み出て「陳蔡のときと、どうしてこうも違うのですか」とおたずねすると、孔なんとかいうお人は「近く寄れ、話して聞かそう。あのときは、お前といっしょになんとか生きのびようと努めたのだが、今はお前といっしょになんとか道義を守ろうとしているのだ」とこたえた。飢えて窮すると自分の命を助けるために人の物を奪い取ることさえしながら、腹いっぱいに満ち足りると、なんとわざとらしいことをしてうわべをとりつくろっているのだ。これよりひどい汚い偽りごとは、まずなかろう。

〈孔某〉孔子のこと。名は丘《きゅう》であるが、わざと「某」すなわち「なにがし」と、わからない言い方をして、揶揄《やゆ》の調子を出している。

〈蔡陳の間に窮せる……〉上の季孫とのことは他にはみえないが、この事績は『論語』をはじめとして諸書にみえている。

〈哀公〉魯の国の君主。前四九四年から四六八年まで在位。

〈席端しからざれば……〉『論語』郷党篇に同じことばがみえている。

(1)「魯君に相として」は、魯の君の宰相となってと読むのがふつうであるが、意味のうえからつづかない。「相」の字はなにかの誤りであろう。いまかりに対抗した意味にとっておく。

(2)「決植」の上に脱文があるのだろうといわれる。これだけでは意味がとれない。

六 孔某、其《そ》の門弟子《もんていし》と間坐《かんざ》して曰わく、夫《そ》れ舜《しゅん》の瞽叟《こそう》を見ること就然《しゅうぜん》たり。此の時、天下圾乎《きゅうこ》たり。周公旦《たん》は其《そ》れ人《じん》に非《あら》ざるか。何為《なんす》れぞ其の家室を舍《す》てて託寓《たくぐう》せるや、と。孔某の行なう所は、心術の至る所なり。其の徒属弟子《とぞくていし》みな孔某に效《なら》う。子羔《しこう》(1)・季路《きろ》は孔悝《こうかい》を輔《たす》けて衛《えい》を乱し、陽貨《ようか》は魯を乱し、仏肸《ふっきつ》は中牟《ちゅうぼう》を以て叛《そむ》き、漆雕《しっちょう》は刑残せらる。……(2)これより大なるはなし。夫れ弟子後生《こうせい》と為《な》りては師に其《き》し(3)、必ず其の言を修《おさ》め、其の行に法《のっと》り、力足らず知及ばずして後《のち》に已《や》む。今、孔某の行ないは此《か》くの如し。儒士は則ち以て疑うべし。

孔なんとかいうお人は、その門下の弟子たちとくつろいでいたときに、こういった。「むかし舜が堯《ぎょう》に見いだされて天子の位についたとき、父親の瞽叟《こそう》が臣下としてひかえているのを見て、不安げであったというが、このときの世界の情勢はまことに危険であった。舜は、当然にも、父親を無視して君臨すべきであった。また周公旦《たん》はりっぱな人格者とはいえないであろう。幼い成王が成長すると摂政の位を退き、妻子にかまわずに遠い所に仮り住まいをしたというが、どうしてそんなことをしたのだろう。周公旦は当然にも、成王を退けて自分で天子になるべきであった」

孔なんとかいうお人の行なったことは、こうしたふらちな心がけにもとづいている。そして、その門下の弟子たちは、すべて孔という人に見ならったのである。そこで、弟子の子羔《しこう》と子路とは、衛《えい》のお家騒動のとき孔悝《こうかい》に味方をして衛の国を騒がせ、陽貨《ようか》は魯《ろ》の国の秩序を乱し、仏肸《ふっきつ》は中牟《ちゅうぼう》の地に拠《よ》って謀反を起こし、漆雕開《しっちょうかい》は乱暴をして死刑にされた。なんとはなはだしいことではないか。いったい弟子ということになれば、先生を目標として、必ず先生のことばを学び、先生の行ないを模範にし、能力のかぎり、知恵のかぎりを尽くして、努力するものである。してみると、孔なんとかいうお人の行ないは上に述べたようなことだから、それを学んでいる儒家の人士というものは、決して信用できないのである。

〈舜の瞽叟を見ること…〉『孟子』の万章章句にもみえる伝説で、孟子はそれを否定したが、ここではそれを孔子の説だとしている。

〈周公旦は…〉周公旦は周の武王の弟で、武王の死後、幼い成王の摂政として周王朝の基礎を固め、成王が成長してから身をひいた。そのことを、民衆のことを考えない勝手なこととして、非難する伝説が『尸子《しし》』などの書物にみえている。ここではそれを孔子の説だとしたのである。

〈孔悝を輔けて…〉前四八〇年、国外に亡命していた衛の蒯聵《かいかい》は、衛の重臣である孔悝を脅迫してその力をかりてわが子の出《しゅつ》公から君位を奪った。子羔らは孔悝につかえていたが、季路すなわち子路は、この内乱にまきこまれて戦死した。

〈陽貨〉『論語』の陽貨篇にみえる陽貨（陽虎）である。魯の国でクーデターを起こし、一時勢力を持ったが、のち失脚して国外に逃亡した。ただし、彼を孔子の弟子とするのはおそらく事実ではない。

〈仏肸は…〉晋《しん》の范《はん》氏の家臣で、中牟の地を守っていたが、前四九七年、晋の政治情勢にうながされて、晋にそむいて衛についた。『論語』陽貨篇には、彼が孔子を招いたことがみえている。

（1）原文は「子貢」とあるが、戸崎允明『墨子考』の説によって改めた。歴史事実とあわせたのである。

（2）主語にあたる脱文のあることが確かである。

（3）この部分にも脱誤があると思われるが、いま「其」を「期」と同じにみて、意味の通るように読んでおく。

＊孔子を非難攻撃する文は、『荘子』『韓非子』その他にもみえる。儒家の勢力が強くなって、祖師としての孔子の名が有名になってくると、反対派の攻撃目標となるのは自然なことであった。そして、その攻撃のしかたに、それぞれの学派の特色がみられるのは興味が深い。

例えば『荘子』では、孔子は世俗の生活にしばられた俗物の代表として戯画化された姿で非難されているが、それは荘子の超俗的な立場と対応するものであった。『墨子』では、ここにみるように、孔子の行為を中心にとりあげて、それを社会的な立場から批判するというもので、やはり実行主義の墨子の思想の特色とよく対応していると思われる。

なお、孔子が謀反の心を抱いていたという説は、ふつう、ことさらなでたらめとみられていたが、郭沫若《かくまつじゃく》『十批判書』はむしろここに真実があるとして、孔子の隠された一面を伝えていると考えた。

第四十・四十一　経《けい》篇　上下
第四十二・四十三　経《けい》説《せつ》篇　上下

「墨経《ぼくけい》」ともよばれる墨家の論理学派の文献である。論理学上の定義のほか、倫理から物理・光学の問題にまで及ぶその広さは、他の中国の古典にその例をみない。ただ、残念なことに本文の乱れがはなはだしく、その解釈も安定しないところが大部分である。今、比較的に安定したものの中から、全般の特色をうかがえるものを選んだ。なお経篇と経説篇とはもちろん別篇で、おのおの上下に分かれているが、経説は経のことばを逐条解説したものであるから、便宜的にあわせて訳出した。

一　〔経〕故《こ》とは得て而《しか》る後《のち》に成る所なり。

〔説〕故《こ》。小故はこれ有るも必ずしも然《しか》らず、これなければ必ず然らず、体《たい》なり。尺《せき》に端《たん》あるが若《ごと》し。大故はこれ有れば必ず然り、これなければ必ず然らず。これを見て見《けん》を成すが若し。

原因とは、それを得てはじめて結果のできあがるものである。

原因には弱い原因と強い原因がある。弱い原因とは、それがあってもきまった結果が出るとは限らず、それがなければきっとその結果は出ないというもので、部分的な原因なのである。ちょうど線の上の点のようなものである。これに対して強い原因とは、それがあれば必ずきまった結果が出るし、それがなければきっとその結果は出ないというものである。ちょうど目で物を見たとき、じゅうぶんな条件が備わってはじめて完全な映像が得られるようなものである。

＊因果律を説く章である。「体《たい》」は部分、「尺《せき》」は線、「端《たん》」は点をあらわす術語。『呂氏《りょし》春秋』審己《き》篇にも「凡《およ》そ物の然《しか》るや必ず故あり――すべてものごとがある状態に変わった場合には、必ずその原因がある」と、因果のことがみえるが、ここでは、その論理的な関係を問題にして、原因に部分的と全体的との二種あることを述べている点に特色がある。なお、この篇については、譚《たん》戒甫《かいほ》『墨弁発微《ぼくべんはつび》』と高亨《こうきょう》『墨経校詮《ぼくけいこうせん》』に多く拠った。

二　〔経〕体《たい》とは兼《けん》より分かるるなり。

〔説〕体とは二の一、尺《せき》の端《たん》の若《ごと》し。

部分とは全体から分かれたものである。

部分とは二に対する一、線に対する点のようなものである。

＊下文の経に「倍とは二たり」、説に「偏なる者は兼の体なり」とある（ここでは省略）のもこ

れと関係する。

三　〔経〕知とは材《さい》なり。

〔説〕知とは材なり。知なるものは、知る所以《ゆえん》なり。而《しか》して必ず知る。明《めい》の若《ごと》し。

知能とはもちまえの能力である。

知能とはもちまえの能力だということについて。知能とはものごとを認識するための基礎であり、それがあってこそ認識できるものである。ちょうど物を見るための視力のようなものである。

〈材〉材は才と同じ。能力・本性の意。

＊ここでの知は、知能の意味で、あとの認識の意味の知とは違う。名詞的な知である。『荀子』正名篇に「人間に備わった知覚するための能力、それを知という」とあるのに当たる。

四　〔経〕慮《りょ》とは求むるなり。

〔説〕慮。慮なる者は、其の知を以て求むることあるなり。而《しか》も必ずしもこれを得ず。睨《げい》の若《ごと》し。

想いとは何かを求めていることである。

想いについて。想いというものは、その知能が働いて、何か求めるところがあるのである。しかし、その求めているものが得られるかどうかははっきりわからない。ちょうど視力が働いていても横目で見ているようなものである。

〈慮〉思慮の意味ではない。知能が物に接して働いて、それを知ろうと求めるその最初の段階をさしている。対象を意識的に限定して、それについて考えるという思慮あるいは謀慮とは違う。

五〔経〕知とは接《まじ》わるなり。

〔説〕知。知なる者は、其の知を以て物に遇《あ》いて能《よ》くこれを貌《かたち》す。見るの若《ごと》し。

認識とは事物と接触することである。

認識について。認識するということは、もちまえの知能によって事物と接触し、その事物をそのままに写しとることができることである。ちょうど視覚によって物を見るようなものである。

六〔経〕恕《じょ》とは明《めい》なり。

〔説〕恕。恕なる者は、其の知を以て物を論《たぐい》して、其のこれを知るや著《あきら》かなり。明の若《ごと》し。

類推とは事物をはっきりさせることである。

類推について。類推ということは、もちまえの知能によって事物と直接に接触できない場合に、事物を比べあわせて、それをはっきりと認識することである。ちょうど視覚によってはっきりと認めるようなものである。

〈恕〉儒家思想では「おもいやりの徳」として有名。『論語』にも「夫子《ふうし》の道は忠恕のみ」とあり、孔子は忠すなわちまごころと、それによって他人をおもいやることを重んじたとされている。なお、孫詒譲は、この字を「恕」の誤りとみて「智」の意味であろうといい、それが通説であるが、今は原文のままにして譚戒甫の説にしたがった。

〈論して〉この「論」は「倫」と同じ意。

＊三章からここまでは、認識の成立について、それを段階を追って述べたものである。

七

〔経〕仁《じん》とは愛を体するなり。

〔説〕仁。己《おの》れを愛するものは己れを用うるが為《ため》に非《あら》ざるなり。馬を愛する者の若《ごと》くならず。

仁とは愛をわが身につけて一体となることである。

仁について。自分の身を愛するというのは、自分を利用しようとするからのことではない。そのことからすると、他人を愛するのも他人を利用しようとするのであってはならない。馬を愛するという場合とは違うのである。

＊この章は、自他を区別しない広い人類愛を説く墨子の兼愛の立場と密接に関係している。この

あと徳目の定義がつづくが、いずれも墨子の思想的立場をよく示している。高亭は「体愛」を「部分的な愛」と解して、「兼愛」に対する儒家の仁愛（血縁を主とした愛）を定義したものとみるが、『墨子』の「仁」の字の用例から考えて正しくない。

八　〔経〕義とは利なり。
〔説〕義。志は天下を以て芬《ぶん》と為《な》し、而《しか》して能《のう》は能《よ》くこれを利す。必ずしも用いられず。

義とは人に利益を与えることである。
義について。精神的には世界の問題を自分の問題と考え、実際の能力でもじゅうぶんに人々に利益を与えてゆけることである。人々から尊重されるとは限らない。

〈芬〉「分」と同じ。職分の意。

＊『論語』里仁篇に「君子は義に喩《さと》り、小人は利に喩る」とあるように、義と利とを対立させて説くのが儒家の一般的な立場である。それを一致させて説くところに墨子の特色があり、それは彼の思想の実利主義的な傾向と深い関係がある。

九　〔経〕行とは為《な》すことなり。
〔説〕行。為す所、名を善《つくろ》(1)わざるは行なり。為す所、名を善うは巧《こう》なり。盗を為すが若《ごと》し。

行為とはしわざすることである。

行為について。しわざをしたそのままで、名目をとりつくろわないのが、行為である。しわざしたことについて、名目をとりつくろったものは偽善である。それは、盗みをするようなもので、むりに何かを得ようとすることである。

（1）「善」を「繕」と同じにみる譚戒甫の説にしたがったが、王引之は「著」の誤りとみて「名をあらわす」と読み、高亨は「差」の誤りとみて「名に差《たが》う」と読む。

一〇〔経〕利とは得て喜ぶ所なり。

〔説〕利。是《こ》れを得て喜べば、則ち是れ利なり。其の害は是れに非《あら》ず。

利益とはそれが得られて喜ばれるものである。

利益について。喜ばしい何かが得られれば、それが利益である。害になるものは利益ではない。


一一〔経〕害とは得て悪《にく》む所なり。

〔説〕害。是れを得て悪めば、則ち是れ害なり。其の利は是れに非ず。

損害とは、それを得ていやがられるものである。

損害について。いやな何かが得られれば、それが損害である。利益になるものは損害ではない。

三　〔経〕功とは民を利するなり。
〔説〕功。時を待たず。衣裘《いきゅう》の若《ごと》し。

功績とは、民衆に利益を与えることである。

功績について。その功績が必要な時を待っていてはならない。夏に着る葛《くず》の着物、冬に着る毛衣《ごろも》は、その必要な時節までに整えておかねばならないようなものである。

三　〔経〕久《きゅう》とは異時に弥《わた》るなり。
〔説〕久。古今旦莫《たんぼ》を合するなり。

時間とはあるときからあるときまでの推移である。

時間について。むかしから今、朝から夜の間をつらねるものである。

四　〔経〕宇《う》とは異所に弥《わた》るなり。
〔説〕宇。東西南北を冡《おお》うなり。

空間とはある所からある所までのひろがりである。

空間について。東西南北にわたるひろがりをあわせたものである。

＊「宇宙」ということばは、もともと空間と時間とをさすことばである。宙は時間である。『墨子』ではそれを久といっている。『荘子』庚桑楚《こうそうそ》篇には「ひろがりがあるが境のないのが宇、長さはあるがはじめと終わりのないのが宙」とあって、また、やや違った時間と空間についての反省がみえる。

一五　〔経〕動とは従《はな》つこと或《あ》るなり。(1)

〔説〕動。偏祭《へんさい》より従つ。戸枢《こすう》に瑟《かんぬき》を免《はず》すが若《ごと》し。

運動とは動かす力が働いて起こることである。

運動について。片側から動かす力が加わった場合である。開き戸のかんぬきをはずすと扉《とびら》の枢《とぼそ》が回転するようなものである。

〈偏祭より従つ〉偏祭は偏際、従は縦と同じ。物体に四方から同じ力が加わったのでは動かない。そこで片側からといった。

〈戸枢に…〉枢は開き戸をとりつけた回転部。「免瑟」の二字はよくわからないが、しばらく「瑟」を「閟」と同じにみて閉の意ととる譚戒甫の説にしたがった。

(1)「従」を「徙」の誤りとみて、移ると読む孫詒譲の説が有力である。また、「或」を「域」と同じにみる説もある。いま専ら譚戒甫によった。

一六　〔経〕止《し》とは久《ひきと》むるを以てなり。

〔説〕止。これを久むることなければ止《とど》まらず。牛は馬に非《あら》ずに当たる。矢の楹《はしら》を過ぐるが若《ごと》し。これを久むることあるも止まらず。馬は馬に非ずに当たる。人の梁《はし》を過ぐるが若し。

運動が止まるのはその運動をひきとめる力が働くからである。

運動の休止について。その運動をひきとめる力が働かなければ止まらない。「牛は馬ではない」という命題に相当することで、この命題はだれも否定しないし、ひろく通用している。飛んでいる矢が柱にあたれば止まるが、あたらなければ柱を過ぎてゆくようなものである。しかしまた、運動をひきとめる力が働いても止まらないこともある。「馬は馬ではない」という命題に相当することで、この命題は大反対があるにかかわらず、詭弁《きべん》家の宣伝のためにまだ通用している。人の歩行が川のために止められながら橋をかけて渡ってゆくようなものである。

〈馬は馬に非ず〉詭弁家の公孫竜《こうそんりょう》が唱えた「白馬は馬に非ず」をさすものと思われる。白馬と馬との両概念の外延の差を利用した詭弁である。

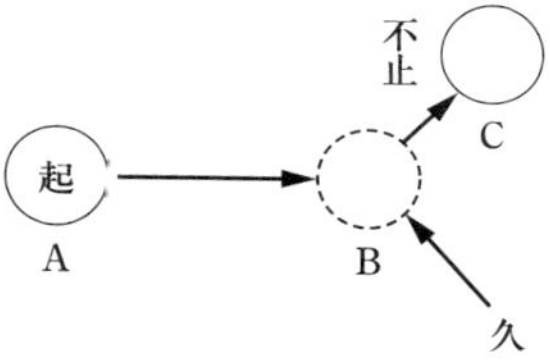

久があっても止まらない例

一七　〔経〕平とは高さを同じくするなり。

平面とは高さがひとしいことである。

＊相当する説がない。譚戒甫は「台執《だいしつ》者を謂《い》う、弟兄の若《ごと》し」という文を移してくるが、意味がはっきりしない。なおこの説明は、「山と沢とは平面である」などといった恵施《けいし》の詭弁に対抗したものであろう。

一八〔経〕中《ちゅう》とは長さを同じくするなり。

〔説〕中。心《しん》なり。是《こ》れより往《ゆ》きて相若《ひと》しきなり。

中央とは、周囲から距離がひとしいことである。

中央について。円心のことである。円心から円周まで、どこでも同じ長さである。

一九〔経〕厚とは大にする所あるなり。

〔説〕厚。惟《ただ》無厚(1)は大にする所なし。

立体とは線や面を積みあげて拡大されたものである。

立体について。立体でない平面には積みあげの拡大はない。

(1)「無厚」の二字は高亨の説にしたがって補った。恵施の説に「無厚は積むべからず、その大は千里」という平面の説明がある。

二〇　〔経〕景《かげ》は徙《うつ》らず。説は改為《かいい》に在《あ》り。

〔説〕景。光至りて景あり。亡《な》くして在《あ》るが若《ごと》きは、尽《ことごと》く古《しばら》く息《とど》まればなり。

影は、その物体が動いても動かない。その理由は、物体の動きにつれて古い影と新しい影とが変わってゆくものだからである。

影について。光がやってきて影ができる。物体が動いてそこに影がないのにまだあるように見えるのは、そのときそのときの古い影がすべてほんの少しのあいだ残っているからである。

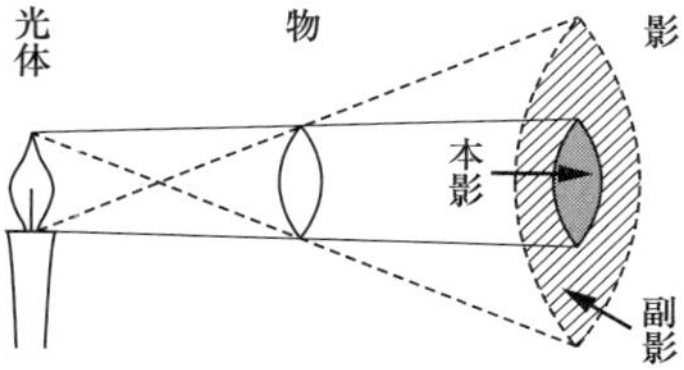

本影と副影の図

二一　〔経〕景《かげ》二つあり。説は重《ちょう》に在り。

〔説〕景。二光、一光を夾《はさ》む。一光とは景なり。

一つの物体の影には、本影と副影との二つがある。その理由は、光線が重なっているからである。

影について。二つの光点から出る光線が一つの光をはさむのである。その一つの光というのが副影である。

＊本影と副影とについては『荘子』斉物論篇にも「罔両《もうりょう》、景に問う」

とあって、その罔両が副影のことであるが、この章ではその理由を光学的に説明した点にすぐれた特色がある。

第四十四　大《たい》取《しゅ》篇

さきの「墨経」の余論ともみられる論理学派の文献である。篇名の「取」は「譬《たと》えを取る」の意であろうといわれるが、はっきりしない。次の小取篇の「小」とこの「大」との違いも不明で、あるいは分量の差であるかもしれない。ただ、この大取篇には、「語経《ごけい》」とよばれる別の資料がまじっているほか、文章のつづかない、いろいろな資料が雑然と入っていて、小取篇の整然としたまとまりとは比較にならない。この篇を省略したのは、その理由による。

大取篇では、「天が人を愛することは、聖人が人を愛することよりも大きく、天が人を利することは、聖人が人を利することよりも手厚い」といったものから、「害の中で小さいものを求めるのは、害を求めるのでなくて利を求めているのである」といったものまで、種々の学説を主としており、「語経」では、「小さい円の円と大きい円の円とは同じである」とか、「異があるから同があり、同があるから異がある」といったような、弁説のための論理を主としているとみられるが、互いに入り組んだところもあって、はっきりしない。

第四十五　小取《しょうしゅ》篇

中国古代の論理学の水準を示す好資料である。前半は総論、論理形式、適用など、後半はよく似た判断の組み合わせを分類説明したものである。『墨子』中の精華といってよい。ただ成立の時期は戦国末に下るであろう。

一　夫《そ》れ弁《べん》とは、将《まさ》に以《もっ》て是非《ぜひ》の分を明らかにし、治乱の紀《つまび》を審らかにし、同異の処《ところ》を明らかにし、名実の理を察し、利害に処《しょ》して嫌疑《けんぎ》を決せんとす。焉《すなわ》ち万物の然《しか》るを摹略《ぼりゃく》し、群言の比を論求す。名を以て実を挙げ、辞を以て意を抒《の》べ、説を以て故《こい》を出だす。類を以て取り、類を以て予《あた》う。諸《こ》れを己《おの》れに有《たも》つとも、諸れを人に非《そし》らず、諸れ己れになくとも、諸れを人に求めず。

そもそも弁論というものは、正しいことと間違ったこととの区別を明確にし、秩序と混乱との起こる要《かなめ》をはっきりさせ、ものごとの共通点と相違点とを明確にし、名称と事実との関係を明らかにして、それによって利害にかかわることがらに対処し、まぎらわしいことに決着をつけようとするものである。そこで、すべての事物のありのままを総括して、多くの種類のことばをしらべあげるとともに、名辞によって事実を示し、命題によって概念をあらわし、解説によって理由を示して、さらに同類のものによって比喩《ひゆ》を取ったり、同類のものによって類推したりするのである。そして、この弁論の技術は、自分がそれを身につけているときは、それによって人を責めないで教え導くようにし、自分が身につけていないときは、人に求めずに自分で習得するように努力すべきものである。

＊弁論の目的と技術とを説いた、論理学の序論というべき章である。

二　或《わく》なる者は、尽くさざるなり。仮《か》なる者は、今然《しか》らざるなり。效《こう》とは、これが法を為《な》すなり。所效《しょこう》とは、これが法を為す所なり。故に效に中《あ》たらば則ち是《ぜ》なり。效に中たらざれば則ち非《ひ》なり。此れ效なり。辟《ひ》なる者は、他物《たぶつ》を挙《あ》げて以てこれを明らかにするなり。侔《ぼう》なる者は、辞を比べて倶《とも》に行くなり。援《えん》なる者は、子《し》然りとす、我奚《なん》ぞ独《ひと》り以て然りとすべからざらんというなり。推《すい》なる者は、其の取らざる所を以て、其の取る所の者に同じくし、これに予《あた》うるなり。是れ猶《なお》他者《たしゃ》も同じならんと謂《い》うがごとし。(1)

或《ある》いはという形は、そうでない部分もあるということで、すべてをおおい尽くさない特称である。仮《か》りという形は、現在はそうではないがという仮説である。弁論はこれらから出発する。

さて、一つの命題には主部と述部があるが、效《こう》すなわち效《なら》うというのは、述部が主部に模範をとることであり、所效すなわち效われるというのは、主部が述部に模範とされることである。そこで、述部の内容に事実がぴったり合っていれば、その判断は正しいが、ぴったり合っていなければ、その判断は間違っているのである。これが效のことである。

譬《たと》えというのは、他の物事をあげて、それによってそのものをはっきりさせる比喩である。ひとしいというのは、同じような命題をならべて進めてゆく比較である。引くというのは、他のことを引いてきてこちらを論証することで、「あなたがそうであるなら、わたしとてもどうしてそうだとしないでおられようか」というようなものである。推《お》しはかるというのは、現にそこにないことを、現にあることと同じようにみたてて、それを推測する推理である。これはちょうど「他のものも同じであろう」というようなものである。

（1）このあと実際の弁論のうえで起こってくる論理の適用の問題が一章あるが、やや文章の乱れがあるので省略した。

三 夫《そ》れ物は、或《ある》いは乃《すなわ》ち是《ぜ》にして然《しか》り。或いは是にして然らず。或いは是ならずして然り。或いは一は周にして一は周ならず。或いは一は是にして一は非《ひ》なり。

そもそも論理上の問題としては、Aの肯定判断にともなって、Bの判断も肯定されることがあり、Aの肯定判断があっても、Bの判断は否定されることがあり、またAの否定判断があっても、

Ｂの判断は肯定されることもある。あるいはまた、Ａの判断では概念の外延をすべて尽くす必要があるが、Ｂの判断では尽くさなくてよいというのがあり、あるいはまた、Ａの判断は正しいがＢの判断は正しくないというのがある。

＊ここに述べられたそれぞれの論理については、次の四章以下で例をあげて説明されている。この章はその総序である。小取篇の中でも、これまでの章とははっきり違ったまとまりを持っている。

四　白馬《はくば》は馬なり。白馬に乗るは馬に乗るなり。驪馬《りば》は馬なり。驪馬に乗るは馬に乗るなり。獲《かく》は人なり。獲を愛するは人を愛するなり。臧《ぞう》は人なり。臧を愛するは人を愛するなり。此れ乃ち是にして然る者なり。

白い馬は、馬の一種である。だから、白い馬に乗るのは、馬に乗ることである。黒い馬は、馬の一種である。だから、黒い馬に乗るのは、馬に乗ることである。女奴隷は人である。だから女奴隷を愛するのは、人を愛することである。男奴隷は人である。だから、男奴隷を愛するのは、人を愛することである。以上のようなのが、つまりＡの肯定判断にともなってＢの判断も肯定されるという論理である。

五　獲《かく》の親は人なり。獲、其の親に事《つか》うるは人に事うるには非《あら》ざるなり。其の弟《てい》は美人なり。弟を愛するは美人を愛するには非ざるなり。車は木なり。車に乗るは木に乗るには非ざるなり。船は木なり。船に入るは、木に入るに非ざるなり。

盗《とう》は人なり。盗多きは、人多きには非ざるなり。盗なきは人なきに非ざるなり。奚《なに》を以てこれを明らかにせん。盗多きを悪《にく》むは、人多きを悪むには非ざるなり。盗なきを欲《ほっ》するは、人なきを欲するには非ざるなり。世は相与共《あいとも》にこれを是とす。若《も》し是《か》くの若《ごと》くんば則ち、盗は人なり、盗を愛するは人を愛するには非ざるなり、盗を愛さざるは人を愛さざるには非ざるなり、盗を殺すは人を殺すには非ざるなりといえど雖《いえど》も、難なし。此れ彼と同類なり。世は彼を有《たも》ちて自《みずか》ら非《ひ》とせず。墨者《ぼくしゃ》此れを有ちて衆これを非とす。他《た》の故《ゆえ》なし。所謂《いわゆる》内に膠《こう》して外に閉《へい》せるものか。此れ乃ち是にして然らざる者なり。

奴隷の親は人である。しかし、奴隷が自分の親につかえるのは人につかえることではない。自分の妹は美人である。しかし、妹を愛するのは美人を愛することではない。車は木でできている。しかし、車に乗るのは木に乗ることではない。船は木でできている。しかし、船に乗りこむのは、木に乗りこむことではない。

盗賊は人である。しかし、盗賊が多いのは人が多いことではなく、また盗賊がいないのも人がいないことではない。どうしてそのことがわかるか。たとえば、盗賊が多いのを憎むのは人が多いのを憎むことにはならないし、盗賊がいなくなるのを望むのは人がいなくなるのを望むことにはならないからである。世間の人はだれも同じようにこのことを正しいとしている。もしそうだとすると、「盗賊は人である、しかし、盗賊を愛するのは人を愛することにはならず、盗賊を愛さないのも人を愛さないことにはならず、盗賊を殺すのも人殺しではない」といったとしても、さしつかえはない。

この後のほうの判断と前の判断とは同類のものである。それなのに、世間では前の判断を行なっていてそれを誤りとはしないのに、墨家の人々が後のほうの判断を述べると、みなでそれを誤りとする。これはほかでもない、いわゆる心がこり固まって外に開かないといわれるそのことであろう。以上のようなのが、つまりAの肯定判断があってもBの判断は否定されるという論理である。

六　且《まさ》に書を読まんとするは、書を読むに非ざるなり。書を読むを好むは、書を好むなり。且に鶏を闘《たたか》わさんとするは、鶏を闘わすには非ざるなり。鶏を闘わすを好むは、鶏を好むなり。且に井《せい》に入《い》らんとするは、井に入るには非ざるなり。且に井に入らんとするを止《とど》むるは、井に入るを止むるなり。且に門を出でんとするは、門を出《い》ずるには非ざるなり。且に門を出でんとするを止むるは、門を出ずるを止むるなり。若《も》し是《か》くの若《ごと》くんば、且に夭《よう》ならんとするは夭に非ざるなり、寿とするは夭を非とするなり、命ありとするは命あるに非ざるなり、有命を執《と》るを非とするは、命を非とするなり、というは難なし。

此れ彼と同類なり。世は彼を有《たも》ちて自《みずか》ら非《ひ》とせず、墨者《ぼくしゃ》此れを有ちて衆これを非とす。他の故なし。所謂《いわゆる》内に膠《こう》して外に閉《へい》せるものか。此れ乃《すなわ》ち是《ぜ》ならずして然《しか》る者なり。⑴

本を読もうとしているのは、本を読むことではない。しかし、本を読むことが好きなのは、本が好きなのである。鶏を戦わせる遊びをしようとしているのは、鶏を戦わせることではない。しかし、鶏を戦わせることが好きなのは、鶏が好きなのである。井戸に入ろうとしているのは、井戸に入ることではない。しかし、井戸に入ろうとしているのをとめるのは、井戸に入ることをとめるのである。門を出ようとしているのは、門を出ることではない。しかし、門を出ようとしているのをとめるのは、門を出ることをとめるのである。もしそうだとすると、「宿命によって若く死ぬだろう」というのは、若死にではない。しかし、自然の寿命だとするのは、若死にを否定することである。宿命があると主張するのは、宿命があることではない。しかし、宿命論を主張する者を否定するのは、宿命を否定することである」ということも、さしつかえはない。

この後のほうの判断と前の判断とは同類のものである。それなのに、世間では前の判断を行なっていてそれを誤りとはしないのに、墨家の人々が後のほうの判断を述べると、みなでそれを誤りとする。これはほかでもない、いわゆる心がこり固まって外に開かないといわれるそのことであろう。以上のようなのが、つまりAの否定判断があってもBの判断が肯定されるという論理である。

（1）『墨子間詁』の原文では「寿夭也」とあり、「夭」の字を重ねるべきだと注している。いま、譚戒甫の説にしたがって「非」字を補い、前後にあわせて解釈したが、なお落ち着かない。

七　人を愛するは、周《あま》ねく人を愛するを待ちて而《しか》る後《のち》人を愛すと為《な》す。人を愛さざるは、周ねく人を愛さざるを待たず。周ねく愛するに失うあれば、因《よ》りて人を愛さずと為す。馬に乗るは、周ねく馬に乗るを待ちて然る後に馬に乗ると為さざるなり。馬に乗ることあれば、因りて馬に乗ると為す。馬に乗らざるに逮《およ》びては、周ねく馬に乗らざるを待ちて而る後に馬に乗らずと為す。此れ一は周ねくして、一は周ねからざる者なり。

人を愛するというのは、すべての人を愛するということがあって、はじめて人を愛することになるのである。ところが、人を愛さないというほうは、すべての人を愛さないということでなくて、一部の人を愛さないというだけでも成り立つ。すべての人を愛することに少しでも落ち度があれば、それでもう人を愛さないということになるのである。馬に乗ったというのは、すべての馬に乗ってしまってから、はじめて馬に乗ったことになるというようなものではない。少しでも馬に乗れば、それでもう馬に乗ったということになるのである。ところが、馬に乗らないというほうになると、すべての馬に乗らないということがあって、はじめて馬に乗らないことになるのである。以上のようなのが、つまりAの判断では概念の外延をすべて尽くす必要があるが、Bの判断では尽くさなくてよいという論理である。

八　国に居《お》らば、則ち国に居ると為《な》す。一宅を国に有するも、国を有すと為さず。桃の実は桃なり。棘《きょく》の実は棘に非ざるなり。人の病を問うは人を問うなり。人の病を悪《にく》むは、人を悪むには非ざるなり。人の鬼《き》は人に非ざるなり。兄の鬼は兄なり。人の鬼を祭るは、人を祭るに非ざるなり。兄の鬼を祭るは、乃《すなわ》ち兄を祭るなり。

この馬の目眇《びょう》なれば、則ちこの馬眇なりと為《い》う。この馬の目大なるも、この馬大なりとは謂《い》わず。この牛の毛黄ならば、則ちこの牛黄なりと謂う。この牛の毛衆《おお》きも、この牛衆しとは謂わず。一馬は馬なり。二馬も馬なり。馬は四足なりとは、一馬にして四足なり。両馬にして四足なるに非ざるなり。白馬は馬なり。馬或《ある》いは白しとは、二馬にして或いは白きなり。一馬にして或いは白きには非ず。此れ乃ち一は是《ぜ》にして一は非《ひ》なる者なり。

ある国に住んでいれば、その国に居住しているといえる。しかし、その国に一軒の家を持っているからといって、その国を所有していることにはならない。桃の実は桃である。しかし、棘《いばら》の実は棘とはいわない。人の病気を見舞いに行くことは、人を見舞うことになる。しかし、人の病気を憎むのは、人を憎むことにはならない。人の死霊は人ではない。しかし、兄の死霊は兄だといえる。人の死霊を祭ることは、人を祭ることではない。しかし、兄の死霊を祭ることは、つまり兄を祭ることになる。

ある馬の目が眇《めっかち》であれば、「この馬は眇だ」といってよい。しかし、ある馬の目が大きいからといって、「この馬は大きい」とはいわない。ある牛の毛が黄色であれば、「この牛は黄色だ」といってよい。しかし、ある牛の毛が多く生えているからといって、「この牛は多い」とはいわない。馬というときは、一頭《とう》の馬も馬であるし、二頭の馬も馬である。しかし、馬は四つ足だというときは、一頭の馬について四つ足なのであって、二頭の馬で四つ足だというのではない。また白い馬は馬だということは、数に関係なくいえる。しかし、馬のあるものは白いというときは、少なくとも二頭の馬がいてこそあるものが白いとされるのである。ただ一頭の馬だけであるものが白いとされるのではない。以上のようなのが、つまりAの判断は正しいがBの判断は正しくないという論理である。

＊『荘子』の天下篇に、墨家の学派の中に分裂のあったことがみえている。彼らは互いに相手を「別墨」すなわち分派だと攻撃し、さまざまな弁論術を使って非難しあったという。一般に遊説家がその弁論術を反省するのは自然のなりゆきであるが、墨家の場合は、特にその思想傾向から して、弁論の過程を通じて論理学的な思考を深めていったのであろう。この小取篇では、論理的

な法則をたてることによって墨家の主張の正しさを証明しようとしている態度も注目される。なお、経篇以下の資料は、「墨弁」とよばれて、中国古代論理学の精華としてきわめて有名である。

第四十六　耕《こう》柱《ちゅう》篇

この篇名は、篇のはじめの二字をとっている。これからあと五篇、いずれも墨子と門人や異派の人々との間の問答を集めたものである。墨子の思想と墨家学派のありさまをうかがううえで、重要なものを選んでここに収めた。

一　子墨子《しぼくし》、耕柱子《こうちゅうし》を怒る。耕柱子曰《い》わく、我は人に愈《まさ》ることなきか、と。子墨子曰わく、我将《まさ》に大行《たいこう》に上《のぼ》らんとして、驥《き》と羊とを駕《が》せんとす。子《し》ならば将に誰をか敺《むち》たんとするか、と。耕柱子曰わく、将に驥を敺たんとす、と。子墨子曰わく、何の故に驥を敺つか、と。耕柱子曰わく、驥は責むるに足るを以てなり、と。子墨子曰わく、我も亦《また》子を以て責むるに足ると為《な》すなり、と。(1)

墨子先生が門人の耕柱子をきびしく叱《しか》りつけたことがあった。がっかりした耕柱子が、「わたくしはとりえのない人間なのでしょうか」とたずねると、墨子先生は、「もしわれわれが大行山《たいこうざん》に登る大旅行に出発するとして、駿馬と羊とに車を引かせるとすれば、お前はそのどちらに鞭《むち》を当てるか」とたずねられた。耕柱子は「駿馬のほうに当てます」とこたえた。墨子先生は「なぜ駿馬のほうに鞭を当てるのか」とまたたずねられた。耕柱子が、「駿馬のほうが鞭を当てられて山に登るだけの力があるからです」とこたえると、墨子先生はいわれた。「わたしの場合も、おまえのことを、叱られて進歩するだけの力があると考えているのだ」

〈大行〉山の名。山西省と河南省の境にあり、太行山とも書く。
〈敺たん〉「敺《か》ける」と読んでもよい。鞭うち励まして元気づけること。
(1)このあと原文では、鬼神の明智と聖人の明智とを比べて、前者をはるかにすぐれているとする、巫馬子《ふばし》との問答の一章がある。明鬼篇の主旨と重なるから省略した。

二　治徒娯《ちとご》と県子碩《けんしせき》、子墨子に問うて曰わく、義を為《な》すは孰《いず》れを大務と為すか、と。子墨子曰わく、譬《たと》えば牆《かき》を築くが若《ごと》く然《しか》り。能《よ》く築く者は築き、能く壌《つち》を実《みた》す者は壌を実し、能く欣《のぞ》む者は欣み、然《しか》る後《のち》に牆成るなり。義を為すことも猶是《なおか》くのごときなり。能く談弁する者は談弁し、能く書を説く者は書を説き、能く事に従う者は事に従い、然る後に義の事成るなり、と。

門人の治徒娯《ちとご》と県子碩《けんしせき》の二人が、墨子先生に質問した。「正義の実践にあたっては、何をすることが最も大切でしょうか」

墨子先生はこたえられた。「たとえば土塀《どべい》を作るのと同じことだ。土をついて固めることのできる者はつき固めるし、土を運んで盛りあげることのできる者は土を運ぶし、測量のできる者は測量をする。このように手分けして、はじめて土塀は完成するのだ。正義の実践もちょうどこうしたものだ。弁論に巧みな者は弁論するし、書物を解説できる者は解説するし、実際の労働にあたれる者は労働する。このように能力に応じて手分けをして、はじめて正義の実践も完成するのだ」

〈治徒娯と県子碩〉墨子の門人。孫詒譲は、県子碩について、『呂氏春秋』尊師篇に「高何の県子石は斉《せい》国の乱暴者で、どこでも爪はじきにされていたが、のち墨子先生の門に入って勉学した」とみえる、その県子石であろうという。

＊仕事はすべて分業であって、そこに軽重の差はないとする立場は重要である。とりわけ、読書人の仕事も肉体労働者の仕事も、そこに重要度の差はないとする主張は、墨家の守るべき正義を中心としての発言ではあるが、孟子などの儒家が、読書人を優位に考えるのと比べて、全く違っている。

三　巫馬子《ふばし》、子墨子に謂《い》いて曰わく、子《し》は天下を兼ね愛するも、未《いま》だ利あらざるなり。我天下を愛せざるも、未だ賊あらざるなり。功みな未だ至らざるに、子何ぞ独《ひと》り自《みずか》ら是《ぜ》として我を非《ひ》とするや、と。子墨子曰わく、今、此《ここ》に熛《や》く者あり。一人水を奉じて将《まさ》にこれに灌《そそ》がんとし、一人火を摻《と》りて将にこれを益《ま》さんとす。功みな未だ至らず。子は二人に於《お》いて何《いず》れを貴《たっと》ぶか、と。巫馬子曰わく、我は彼《か》の水を奉ずる者の意を是として、夫《か》の火を摻る者の意を非とす、と。子墨子曰わく、吾《われ》も亦吾《またわ》が意を是として、子の意を非とするなり、と。

巫馬子が墨子先生にむかっていった。「あなたは世界じゅうをひろく平等に愛されるが、まだその利益があがってはいません。わたくしは世界じゅうを愛するわけではありませんが、格別その害があるわけでもありません。実際の効果がまだどちらもあらわれていないのに、あなたはどうしてまた自分の主張を正しいとして、わたくしの主張を悪いとするのですか」

墨子先生はいわれた。「もしここに放火した者がいたとしましょう。そこへ二人の男がやってきて、一人は水を持ってきて火にかけようとするし、他の一人は火を持ってきてさらに火事をひろげようとする。実際の効果はまだどちらもあらわれていないが、この場合この二人について、あなたはどちらのほうを尊重しますか」

巫馬子がこたえて、「わたくしは、その水を持ってきた者の心がけを正しいとして、その火を持ってきた者の心がけを悪いとします」というと、墨子先生はいわれた。「わたしも、またやはりわたしの心がけを正しいとして、あなたの心がけを悪いとしているのだ」

〈巫馬子〉巫馬子は魯《ろ》の国の人で、孔子の弟子の巫馬期《き》の子孫であろうかともいわれる。後文のその主張からすると、墨家の反対派で、儒家の人らしいところもあるが、儒家ときめかねるところもある。

四　子墨子、耕柱子《こうちゅうし》を楚《そ》に游《ゆう》せしむ。二三子《し》これを過《よぎ》りしに、これに食《くら》わすこと三升《じょう》、これを客とすること厚からず。二三子、子墨子に復《もう》して曰わく、耕柱子は楚に処《お》くも益なし。二三子これを過りしに、これに食わすこと三升、これを客とすること厚からず、と。子墨子曰わく、未《いま》だ智《し》るべからざるなり、と。幾何《いくばく》もなくして十金を子墨子に遺《おく》りて曰わく、後生《こうせい》敢《あ》えて死せず。此《ここ》に十金あり、願わくは夫子《ふうし》の用いんことを、と。子墨子曰わく、果《は》たして未だ智るべからざるなり、と。

墨子先生は、門人の耕柱子を楚の国へ派遣していた。門人なかまの二、三人が楚の国へ旅をしてそこに立ち寄ったところ、耕柱子は三升の飯を食べさせただけで客としてのもてなしもじゅうぶんにはしなかった。門人たちは帰ってから墨子先生に報告して、「耕柱子を楚の国に駐在させておいても、あまりわれわれ学団のためにはなりません。わたくしどもがそこに立ち寄りましたところ、わずか三升の飯を食べさせて、客としてのもてなしもじゅうぶんではありませんでした」と申しあげた。墨子先生は、「いや、耕柱子のことはまだわからない」といわれて、それをとりあげられなかった。

それからまだいくらもたたないうちに、耕柱子は十金を墨子先生のもとへ送ってきた。「ふつつかなわたくしめ、決して先生を裏切ることはいたしません。ここに十金ありますが、どうか先生がご自由にお使い下さいますように」。墨子先生はいわれた。「やはり、彼のことはまだわからない、といったとおりだ」

〈三升〉升は物の量《かさ》の単位。一升は今の約〇・一九リットルに当たるというから、三升では〇・五七リットル、日本のますめでは約三合に当たる。

＊事実の記録ではないかもしれないが、墨家の学団のあり方について示唆するところの多い章である。

五　巫馬子《ふばし》、子墨子に謂《い》いて曰わく、子《し》の義を為《な》すや、人には而《なんじ》を助くるを見ず、鬼には而を富ますを見ず。而《しか》るに子これを為すは、狂疾《きょうしつ》あるか、と。子墨子曰わく、今、子をして此《ここ》に二臣を有《も》たしむるに、其の一人の者は、子を見れば事に従い、子を見ざれば則ち事に従わず、其の一人の者は、子を見るも亦《また》事に従い、子を見ざるも亦事に従う。子、此の二人に於いて誰をか貴《たっと》ぶや、と。巫馬子曰わく、我は、其の我を見るも亦事に従い、我を見ざるも亦事に従う者を貴ぶ、と。子墨子曰わく、然《しか》らば則ち是《こ》れ子も亦狂疾あるを貴ぶなり、と。

巫馬子が墨子先生にむかっていった。「あなたは正義を実践しておられるが、あなたを助けてくれる人も、あなたに福を与えてくれる鬼神も、どちらもはっきりしていない。それなのに、あなたがあくまで実践につとめるのは、狂気じみたことですよ」。墨子先生はいわれた。「いま、かりにあなたが二人の家臣を持っているとしましょう。その一人のほうは、あなたの姿を認めると仕事をするが、あなたを見かけないと仕事をしない。他の一人のほうは、あなたの姿を認めても仕事をするし、認めなくても仕事をする。もしこういうことなら、この二人について、あなたはどちらを尊重しますか」。巫馬子はこたえた。「わたしを認めても仕事をするし、認めなくても仕事をするといいうほうを、わたくしは尊重します」。墨子先生はいわれた。「そうだとすると、これはあなたもやはり狂気じみた者を尊重することになりますよ」

六　子夏《しか》の徒、子墨子に問うて曰わく、君子《くんし》に闘《とう》あるか、と。子墨子曰わく、君子は闘なし、と。子夏の徒曰わく、狗豨《くき》も猶《なお》闘あり。悪《いずく》んぞ士にして闘なきことあらん、と。子墨子曰わく、傷《いた》ましいかな。言は則ち湯文《とうぶん》を称しながら、行は則ち狗豨に譬《たと》う。傷ましいかな、と。

子夏の門人たちが墨子先生に質問して、「教養を積んだ人々にも腕力の争いはありますか」といった。墨子先生は「教養を積んだ人々には腕力の争いということはない」とこたえられた。すると、子夏の門人たちは、「犬や豚でもやはり闘争はある。感情のそなわったりっぱな人間がどうして戦わないことがありましょう」といった。墨子先生はいわれた。「なんとあさましいことだ。君たちは口では湯王や文王といった聖人のことをいいながら、実践については犬や豚を譬《たと》えに持ち出すのか。なんとあさましいことだ」

〈子夏〉孔子の門人。姓は卜《ぼく》、名は商。子夏はその字《あざな》。孔子の死後、魏《ぎ》の文侯につかえた。

七　巫馬子《ふばし》、子墨子に謂《い》いて曰わく、今の人を舎《お》きて先王を誉《ほ》むるは、是れ槁骨《こうこつ》を誉むるなり。譬《たと》えば匠人《しょうじん》の若《ごと》く然《しか》り。槁木《こうぼく》を智《し》るも生木を智らざるなり、と。子墨子曰わく、天下の生ずる所以《ゆえん》の者は、先王の道教を以てなり。今、先王を誉むるは、是れ天下の生ずる所以を誉むるなり。誉むべきに而《しか》も誉めざるは、仁に非《あら》ざるなり、と。

巫馬子が墨子先生にむかっていった。「現代の人をとりあげないで、古い時代の聖王を誉《ほ》めたたえているのは、これは干《ひ》からびた骨を誉めているのと同じです。たとえば、大工のようなもので、乾燥した木は知っていても、生きた木は知らないわけです」

墨子先生はいわれた。「世界の人々がこうして生きてゆけるのは、古代の聖王が残された道と教えとのおかげだ。いま古代の聖王を誉めたたえるのは、これは世界の人々が生きてゆけるその根源を誉めているのです。当然に誉めるべきなのに誉めないというのは、人格者のすることではないでしょう」

八　子墨子曰わく、和氏《かし》の璧《へき》、隋侯《ずいこう》の珠《しゅ》、三棘《きょく》六異《よく》、此れ諸侯の所謂《いわゆる》良宝なり。以て国家を富まし、人民を衆《おお》くし、刑政を治め、社稷《しゃしょく》を安んずべけんや。曰わく、不可なり。謂《ため》に良宝を貴《たっと》ぶ所の者は、其の以て利すべきが為《ため》なり。而《しか》るに和氏の璧、隋侯の珠、三棘六異は、以て人を利すべからず。是れ天下の良宝に非《あら》ざるなり。今、義を用《もっ》て政を国家に為《な》さば、国家は必ず富み、(1)人民は必ず衆く、刑政は必ず治まり、社稷は必ず安し。為に良宝を貴ぶ所の者は、以て民を利すべければなり。而して義は以て人を利すべし。故に曰わく、義は天下の良宝なり、と。(2)

墨子先生はいわれた。「和氏《かし》の璧玉《へきぎょく》や隋侯の真珠《しんじゅ》とよばれるあの名珠玉、三つの鬲《れき》と六つの耳飾りのついた銅器、すなわち周の王室の九鼎《きゅうてい》、これらは今日の諸侯たちがあこがれているりっぱな宝物である。しかし、それらによって国家を豊かにし、住民を多くし、法律や行政をりっぱに整えて、国の祭神を安泰にすることができようか。それはできないことである。いったい、何のためにりっぱな宝物を貴ぶのかといえば、それらが何かの利益を与えてくれるからである。ところが、いま和氏の璧玉や隋侯の真珠や周の九鼎といったものは、いっこう人々に利益を与えるものではない。してみると、それは世界的な宝物ではないのである。

ところで、もし正義によって国家の政治を行なったとすれば、国家はきっと豊かになり、住民もきっとふえ、法律や行政もきっとりっぱに整い、国の祭神もきっと安泰に落ち着くであろう。りっぱな宝物を貴ぶ理由は、それらが民衆に利益を与えるからであるが、正義こそは人々に利益を与えるものである。そこで、正義こそは世界的な宝物だというのである」

〈和氏の璧〉『韓非子』和氏篇に見える説話。和氏という男が名玉を発見して楚《そ》王に献上したが、その真価が認められず、三代の王をへてからはじめて認められたという、その名玉。璧は装飾用の玉。節葬篇第六章の注参照。

〈隋侯の珠〉隋国の君が、助けた大蛇から恩返しに贈られたという伝説のある真珠。『淮南子《えなんじ》』覧冥篇の注にみえている。

〈三棘六異〉棘は鬲《れき》と同じで、異は翼と同じだという宋翔鳳《そうしょうほう》の説にしたがう。鬲は鼎《かなえ》の一種で食物を煮る器。三足でその足の部分にも物が入る。翼は耳のついた器のこと。合わせて九つの銅器で、周の王室に伝統的に伝わった名宝九鼎《てい》のことだという。

（1）原文にはこの一句はないが、前文から考えて「国家必富」の四字を補った。

（2）このあと数章、主旨の重複したものや、あまり重要でないと思われるものを省いた。

九

公孟子《こうもうし》曰わく、君子《くんし》は作らず、術ぶるのみ、と。子墨子曰わく、然《しか》らず。人の其《はなは》だ君子ならざる者は、古《いにしえ》の善《よ》きものをも誅《の》べず、今の善きものをも作らず。其の次の君子ならざる者は、古の善きものは述べず、己《おの》れに善あらば則ちこれを作る。善の己れより出《い》ずるを欲するなり。今、誅べて作らざるは、是れ述ぶるを好まずして作る者に異なる所なし。吾《われ》以為《おも》えらく、古の善きものは則ちこれを誅べ、今の善きものは則ちこれを作らん、と。善の益《ますます》多きを欲するなり、と。

公孟子が、「りっぱな人物は自分かってに創作したりしないで、ただむかしの善いことをそのまま受けつぐだけです」といった。墨子先生はそれにこたえられた。「そうではない。りっぱな人物というのから最も遠い人間は、むかしの善いことを受けつぐこともせず、今の世に役立つことを創作することもしない。その次のりっぱな人物でない人間は、むかしの善いことを受けつぐことはしないが、自分で善い考えがあればそれを創作する。善いことを自分からうち出していきたいわけだ。いま、あなたのいうような、受けつぐだけで創作をしないということは、この受けつぐことを好まないで創作だけをするというのと、同じようにかたよったことです。わたしの考えでは、むかしの善いことはそれを受けつぎ、今の世に役立つことはそれを創作して、両方ともに行なうのがよいと思う。善いことがますますふえていくのを望むわけです」

〈公孟子〉儒家の学派の人物。公孟篇の初めの注参照。
〈君子は作らず…〉『論語』述而篇の「述べて作らず」と同じ。非儒篇第四章でも「君子は循《したが》いて作《な》さず」とある。

一〇　巫馬子《ふばし》、子墨子に謂《い》いて曰わく、我は子《し》と異なる。我は兼ね愛すること能《あた》わず。我は鄒人《すうひと》を越人《えつひと》より愛し、魯人《ろひと》を鄒人より愛し、我が郷人《さとびと》を魯人より愛し、我が家人《かじん》を郷人より愛し、我が親を我が家人より愛し、我が身を吾《わ》が親より愛す。以て我に近しと為《な》せばなり。我を撃《う》たば則ち疾《いた》きも、彼を撃たば則ち我に疾からず。我何の故《ゆえ》に疾き者をこれ払《たす》けずして、疾からざる者をこれ払けん。故に我、彼を殺して以て我を利することあるも、我を殺して以て彼を利することなし、と。

子墨子曰わく、子の義は将《まさ》に匿《かく》さんとするか、意《ある》いは将に以て人に告げんとするか、と。巫馬子曰わく、我何の故に我が義を匿さん。吾《われ》将に以て人に告げんとす、と。子墨子曰わく、然《しか》らば則ち一人子《し》を説《よろこ》ばば、一人子を殺して以て己《おの》れを利せんと欲《ほっ》し、十人子を説ばば、十人子を殺して以て己れを利せんと欲し、天下子を説ばば、天下子を殺して以て己れを利せんと欲す。一人子を説ばざれば、一人子を殺さんと欲す。子を以て不祥《ふしょう》の言を施す者と為《な》せばなり。十人子を説ばざれば、十人子を殺さんと欲す。子を以て不祥の言を施す者と為せばなり。天下子を説ばざれば、天下子を殺さんと欲す。子を以て不祥の言を施す者と為せばなり。子を説ぶも、亦《また》子を殺さんと欲し、子を説ばざるも、亦子を殺さんと欲す。是《こ》れ所謂《いわゆる》経口《けいこう》は子の身を殺すという者なり(1)。子の言、悪《いずく》んぞ利あらん。若《も》し利する所なきに而《しか》も必ず言う者は、是れ蕩口《とうこう》なり、と(2)。

巫馬子《ふばし》が墨子先生にむかっていった。「わたくしはあなたの意見とは違います。わたくしにはひろく平等に大切にすることはできません。わたくしは、遠い越《えつ》の国の人よりは隣の鄒《すう》の国の人を大切にします。鄒の国の人よりは自分の魯《ろ》の国の人を大切にします。魯の国の人よりは自分の郷里の人を大切にします。郷里の人よりは自分の家族の人々を大切にします。家族の人々よりは自分の親を大切にします。親よりも自分の体を大切にします。いずれもわたくしにとって身近いと思うからのことです。自分がたたかれたときには痛いと感ずるが、他人がたたかれた場合には、自分では痛みを感じない。痛みを感ずるわが身を守ることをせずに、痛みを感じない他人を守るということは、わたくしにはとても理解できません。だから、わたくしには、自分の利益のために他人を殺すということがかりにあるとしても、他人の利益のために自分を殺すということはけっしてありません」

墨子先生はいわれた。「あなたのその信条は、人に隠しておこうとされるのか、それとも人に知らせようとされるのか」。巫馬子はこたえた。「どうしてまたわたくしの信条を隠す必要がありましょう。わたくしは人に知らせるつもりです」

墨子先生はいわれた。「そうだとすると、一人でもあなたの信条に賛成して共鳴する者があれば、その一人の共鳴者は、自分の利益のためにあなたを殺したいと思うだろう。十人があなたの信条に賛成したのなら、その十人が自分の利益のためにあなたを殺したいと思うし、世界じゅうの人々があなたの信条に賛成したなら、世界じゅうの人々が自分の利益のためにあなたを殺したいと思う。ところがまた、一人でもあなたの信条をこころよく思わない者があれば、その一人の反対者はあなたを殺したいと思うだろう。あなたのことをふらちな主張をひろめる奴《やつ》だと考えるからです。十人があなたの信条をこころよく思わないのなら、その十人があなたを殺したいと思う。あなたのことをふらちな主張をひろめる奴だと考えるからです。世界じゅうの人々があなたの信条をこころよく思わないのなら、世界じゅうの人々があなたを殺したいと思う。あなたのことをふらちな主張をひろめる奴だと考えるからです。

してみると、あなたの信条に賛成する者も、あなたを殺そうとするし、あなたの信条をこころよく思わない者も、あなたを殺そうとする。これこそ、いわゆる軽口《かるくち》はその身を殺すというものです。

あなたの主張は、いったい何の利益があろう。もし、利益もないのにむりに主張するということなら、これは口をすりへらすだけです」

〈鄒人を越人より…〉鄒の国は今の山東省鄒県のあたり。儒家の孟子の故郷で、魯の国の隣。魯は山東省曲阜の地で、孔子の故郷。越は揚子江の下流南部の地域。

〈払けず〉「払」は「はらう」と読んで、相手を排斥することとみるのがふつうであるが、「弼」と同じに読んで、守る意味にとった。

(1) 原文は「所謂経者口也殺常之身者也子墨子曰」とあるが、意味がよく通らない。孫詒譲は「常」を「子」に改め、なお、脱誤があろうといっている。今、張純一《ちょうじゅんいつ》の説を勘案して「所謂経口也殺子之身者也」に改めて読んだ。

(2) このあと、楚の魯陽《ろよう》文君に対して、楚の国が他国を侵略する貪欲さを責めた章など、三章があってこの篇は終わる。

＊この篇からあと、問答の文章を集めた篇がつづいている。『論語』も『孟子』も問答を集めているが、すでに耕柱篇の内容でじゅうぶん理解されるように、『墨子』の場合にはそれらとは違ったニュアンスがある。つまりここでは、単なるアフォリズムとか、一方的な何かの主張の宣言とかいうのではなくて、ていねいな論理の積み上げによって読者を説得するのである。それはちょうどプラトンの対話篇を読むのと同じような興味を読者に起こさせるであろう。『墨子』の特色といってよいことである。

第四十七　貴《き》義《ぎ》篇

「義より貴きはなし」というはじめの二字をとって篇名としているこの篇は、義について語ることばが多いが、そのほかひろく一般的な種々の問題にわたって述べる。

一　子墨子曰《い》わく、万事、義より貴《たっと》きはなし。今、人、(1)子《し》に冠履《かんり》を予《あた》えて子の手足を断《た》たんと曰わば、子これを為《な》すか。必ず為さじ。何の故ぞ。則ち冠履は手足の貴きに若《し》かざればなり。また子に天下を予えて子の身を殺さんと曰わば、子これを為すか。必ず為さじ。何の故ぞ。則ち天下は身の貴きに若かざればなり。故に曰わく、万事、義より貴きはなし。一言を争いて以て相殺《あいころ》すは、是《こ》れ義は其の身より貴ければなり。故に曰わく、万事、義より貴きはなきなり、と。

墨子先生はいわれた。

いろいろな事物の中で、正義ほど貴重なものはない。かりに他人が「君に冠《かんむり》と履《くつ》とをやるから、それとひきかえに君の手足を切断したい」といったとすれば、君は承諾するだろうか。きっと承諾しないであろう。その理由はといえば、冠と履は、手足の貴重さにはとても及ばないからである。また、「君に世界の土地をやるから、それとひきかえに君を殺したい」といったとすれば、君は承諾するだろうか。きっと承諾しないであろう。その理由はといえば、世界の土地も、わが生命の貴重さにはとても及ばないからである。しかし、それほどにも貴重なわが生命でありながら、たった一言の正しさを争って他人と殺しあうことにもなるのは、なぜか。それは正義がその生命よりもさらに貴重だからである。そこで、「いろいろな事物の中で、正義ほど貴重なものはない」というのである。

（1）原文では「今謂人曰」とあるが、意味の上から考えて「謂」の字を省いた。

二　子墨子、魯《ろ》より斉《せい》に即《ゆ》き、故人《こじん》に過《よぎ》る。故人、(1)子墨子に謂《い》いて曰わく、今、天下は義を為《な》すなし。子独《ひと》り自《みずか》ら苦しみて義を為す。子已《や》むに若《し》かず、と。子墨子曰わく、今、此《ここ》に人ありて、子《こ》十人あり。一人耕して九人処《お》らば、則ち耕す者以て益《ますます》急にせざるべからず。何の故ぞ。則ち食《くら》う者は衆《おお》くして耕す者は寡《すく》なければなり。今、天下は義を為すなければ、則ち子は如《よろ》しく我を勧《すす》むべき者なり。何の故に我を止《とど》むるか、と。

墨子先生は、魯の国から斉の国へ行ったとき知人の家に立ち寄られた。知人は墨子先生にむかってこういった。「いまや世界じゅうだれも正義を行なっていない。それなのに、あなただけが自分の身を苦しめて正義を実践している。おやめになったほうがよくはありませんか」

墨子先生はいわれた。「かりにここに十人の子どもを持った人がいるとしよう。その十人の中の一人だけが耕作して九人が遊んでいるということであれば、耕作する一人はその分だけいっそう仕事にはげまねばならない。なぜかといえば、食う人間が多くて耕作する人間が少ないからです。いまや世界じゅうに正義を行なう者がいなければ、あなたはむしろわたしを激励してくれるのが当然だ。なぜわたしをひきとめるのですか」

(1)「故人」の二字は原文にはないが、前後の文意から考えると、もと上の「故人」の二字が重ねられていたものと思われる。

三　子墨子、南のかた楚《そ》に游《あそ》び、楚の献恵《けんけい》王に見《まみ》えんとす。(1)献恵王老いたるを以て辞し、穆賀《ぼくが》をして子墨子に見えしむ。子墨子、穆賀に説く。穆賀大いに説《よろこ》び、子墨子に謂《い》いて曰わく、子の言は則ち成《まこと》に善《よ》し。而《しか》れども君王は天下の大王なり。乃《すなわ》ち賤人《せんじん》の為す所と曰いて用いざることなからんや、と。子墨子曰わく、唯《ただ》其れ行なうべし。譬《たと》えば薬の若く然《ごと》り。一草の本《もと》も、天子これを食《くら》いて、以て其の疾《やまい》を順《いや》さば、豈《あに》一草の本と曰いて食わざらんや。今、農夫其の税を大人《たいじん》に入《い》れ、大人は酒醴粢盛《しゅれいしせい》を為《つく》りて、以て上帝鬼神を祭る。豈賤人の為す所と曰いて享《う》けざらんや。故に賤人なりと雖《いえど》も、上《かみ》これを農に比《くら》べ、下《しも》これを薬に比ぶれば、曾《すなわ》ち一草の本にも若《し》かざらんや。且《か》つ主君は亦嘗《またかつ》て湯《とう》の説を聞きしならん。昔《むかし》者、湯将《まさ》に往《ゆ》きて伊尹《いいん》を見《み》んとし、彭氏《ほうし》の子《こ》をして御《ぎょ》せしむ。彭氏の子、道に半《なか》ばにして問いて曰わく、君将に何《いず》くに之《ゆ》かんとするか、と。湯曰わく、将に往きて伊尹を見んとす、と。彭氏の子曰わく、伊尹は天下の賤人なり。若《も》し君これを見んと欲せば、亦召問せしめよ、彼賜《し》を受けん、と。湯曰わく、女《なんじ》の知る所に非《あら》ざるなり。今、此《ここ》に薬あり。これを食わば、則ち耳は聡《そう》を加え、目は明を加えんとならば、則ち吾《われ》必ず説《よろこ》びて強《し》いてこれを食わん。今、夫《そ》れ伊尹の我が国に於《お》けるや、これを譬うるに良医善薬なり。而《しか》して子《し》の我の伊尹を見るを欲せざるは、是れ子は吾が善なるを欲せざるなり、と。因《よ》りて彭氏の子を下《おろ》して御《ぎょ》せしめず。(2)(3)

墨子先生は、南方の楚《そ》の国へ遊説されたとき、楚の献恵王に会おうとされた。しかし、献恵王は自分が老年だという理由で面会を断わると、その代わりに穆賀《ぼくが》という者を墨子先生に面会させた。墨子先生はこの穆賀に自分の主張を述べられたが、それを聞いた穆賀はすっかり共鳴して、さて、墨子先生にむかって、「あなたの主張はなるほど本当にりっぱです。けれども、わが君はなにしろ世界の大国の王さまだから、下賤《げせん》な者の言うことだとしてお取りあげにならないかもしれない」といった。

墨子先生はいわれた。「ともかく実行されることです。ちょうど薬のようなもので、たとえ一本の草の根でも、天子がそれを服用してその病気がなおったということなら、ほんの一本の草の根だからといって服用されないということはありますまい。いま農民は租税を領主に納め、領主はそれで酒や供物を作って天の上帝や鬼神をお祭りしていますが、下賤な者の作ったものだとして上帝や鬼神がお受けにならないということもありますまい。だから、たとえ下賤な者であっても、上は農民と同じ程度、下は薬と同じ程度であるからには、一本の草の根にも及ばないということがどうしてありましょう。必ず用いられるものです。

それに、あなたはこれまで殷《いん》の湯《とう》王の話を聞かれたことがあるでしょう。むかし、湯王が自分で出かけていって伊尹《いいん》に会おうとされ、彭《ほう》氏の子どもを御者に命ぜられました。ところが、途中までゆくと、彭氏の子どもは『わが君にはどこへゆかれるのですか』とおたずねしたので、湯王は『伊尹の所へ会いにゆくのだ』とこたえられたところ、彭氏の子どもは『伊尹はだれから見ても下賤な人間です。わが君がもしお会いになりたいのでしたら、人をやってお召し寄せになられればよろしい。彼はありがたくお受けするでしょう』といいました。

すると湯王は、『お前にわかることではない。もしここに薬があって、それを飲むと耳はよく聞こえるようになり、目はよく見えるようになるということなら、わたしはきっと喜んでそれをむりにでも飲むだろう。いま、あの伊尹は、わが国にとってちょうど名医や良薬のようなものである。それなのに、わたしが伊尹に会うことを望まないというのなら、それはお前がわたしの善くなることを望まないということだ』といわれ、彭氏の子どもを車からおろして、御者をやめさせられたということです。下賤な者のいうことだとしてお取りあげにならないなどという心配は、いらないことです」

〈伊尹は天下の賤人なり〉伊尹は、夏《か》の桀王を見かぎって湯につかえ、殷の建国を助けた功臣である。もと湯にとりいるために、奴隷となり料理人となって湯の宮廷に入りこんだという伝説があり（本書尚賢中篇・『孟子』万章章句上など）、賤人というのは、それをふまえたものである。
（1）原文のとおりに読んだが、献恵王という人物が実在しないことと、他書の引用に異文があることとのために、いろいろの異説がある。孫詒譲は「書を恵王に献ず。恵王老いたるを以て…」と読む。楚の恵王の在位は前四八九年から四三二年であるが、ここでは、恵王のことを献恵王ともいったとする説にしたがっておく。
（2）この結末は一章のまとまりとして落ち着きが悪い。このあとに「彼苟然然後可也」という意味のつづかない七字があることから考えても、きっと脱文があると思われる。訳文では適当に補足した。
（3）これにつづいて三章あるが、内容が平凡なので省いた。

＊墨子の出身が下賤であったことを暗示する章である。そのことが、他人の口からいわれているばかりでなく、墨子自身も認めているようであるのは、いっそう興味深い。

四　子墨子、二三子に謂《い》いて曰わく、義を為《な》して能《あた》わざるも、必ず其《そ》の道を排することなかれ。譬《たと》えば匠人《しょうじん》の斲《けず》りて能わざるも、其の縄《じょう》を排するなきが若《ごと》し、と。

墨子先生は、数名の門人にむかっていわれた。「正義を行なおうとしてうまくできない場合でも、できないからといって、必ずその正義の基準を曲げてはならない。それはちょうど、大工が木を削《けず》ろうとしてうまくできない場合でも、その墨縄《すみなわ》を変えないのと同じだ」

五　子墨子曰わく、世《よ》の君子、これをして一犬一彘《てい》の宰《さい》たらしめんに、能わざれば則ちこれを辞す。一国の相《しょう》たらしめんに、能わざるもこれを為す。豈悖《あにもと》らざらんや、と。

墨子先生はいわれた。「世の中のりっぱな人々は、一匹の犬や一匹の豚の料理長を命ぜられた場合には、もしできなければそれを辞退する。ところが、一国の大臣を命ぜられた場合には、たとえできなくても引き受ける。なんと矛盾したことではないか」

六　子墨子曰《い》わく、今、瞽《こ》、豈《がい》とは白なり、黔《きん》とは黒なりと曰わば、明目《めいもく》の者と雖《いえど》も以《もっ》てこれを易《か》うるなし。白黒を兼ねて瞽をして焉《こ》れを取らしめば、知ること能わずと曰うは、其の名を以てに非《あら》ざるなり、知ること能《あた》わざるなり。故に我の瞽は白黒を知ること能わずと曰うは、其の名を以てに非ざるなり。其の取るを以てなり。今、天下の君子の仁を名づくるや、禹《う》・湯《とう》と雖も以てこれを易うるなし。仁と不仁とを兼ねて、天下の君子をして焉れを取らしめば、知ること能わざるなり。故に我の天下の君子は仁を知らずと曰うは、其の名を以てに非ざるなり。亦《また》其の取るを以てなり、と。

墨子先生はいわれた。「いま盲人が『白いものは白く、黒いものは黒い』といったとしよう。これはたとえ目明きの者でも改めようがない。しかし、もし白いものと黒いものとをいっしょにして盲人にそれを選ばせたなら、盲人にはそれを区別することはできない。だから、盲人は白と黒とを知らないとわたしがいうのは、白と黒ということばの意味を知らないというのではなく、白と黒とを選びとることができないからのことである。いま世界じゅうの知識人たちが仁《じん》すなわち慈愛ということについて語ることは、たとえ聖人の禹王や湯王があらわれたとしても改めようがないほどりっぱである。しかし、もし仁と不仁とをいっしょにして世界じゅうの知識人に選ばせたなら、彼らにはそれを区別することはできない。だから、世界じゅうの知識人たちは仁を知らないとわたしがいうのは、仁ということばの意味を知らないというのではなく、仁を選びとることができないからのことである」

〈豈〉「皚」と同じ。清らかな白さ。下の「黔」は黒の意味。

＊墨子の経験主義的な立場がよく示されている。概念として知っているのは、本当に知っていることにはならないというのである。

七　子墨子曰わく、今、士の身を用うるや、商人の一布を用うるの慎《つつ》めるに若《し》かざるなり。商人、一布を用いて市《いち》するに、敢《あ》えて譲詢《けいこう》して讐《う》らず。必ず良き者を択《えら》ぶ。今、士の身を用うるは則ち然《しか》らず。意の欲《ほっ》する所は則ちこれを為《な》し、厚き者は刑罰に入《い》り、薄き者は毀醜《きしゅう》せらる。則ち士の身を用うるは、商人の一布を用うるの慎めるに若かざるなり、と。(1)

墨子先生はいわれた。「このごろの士人《しじん》がわが身を扱う態度は、商人がたった一枚の布を扱う慎重さにも及ばない。商人が一枚の布を扱って商売をする場合には、けっしていいかげんな態度で売りはらうようなことはしない。必ずよい買手を選ぶものである。ところが、このごろの士人がわが身を扱う態度はそうではない。自分のしたいことを勝手気ままに行なって、ひどい場合は刑罰をうけ、軽い場合でも世の非難をうけている。してみると、士人がわが身を扱う態度は、商人がたった一枚の布を扱う慎重さにも及ばないのである」

〈謑詢〉謑詢とも書く。もともと恥辱の意味であるが、それから転じて、なまぬるい、ぐずついた、いいかげんな、という意味になっている。
（1）このあと、篇末に至るまでの数章を、分量の都合で省略した。

第四十八　公孟《こうもう》篇

篇のはじめの二字をとって篇名としているのは前と同じ。公孟子との問答が多く収められているが、ここにはその中から、儒家と墨家との立場の相違がよくわかる問答を選んだ。

一　(1)公孟子《こうもうし》曰わく、鬼神なし、と。また曰わく、君子必ず祭礼を学ぶ、と。子墨子曰わく、無鬼を執《と》りて祭礼を学ぶは、是《こ》れ猶《なお》客なくして客礼を学ぶがごときなり。是れ猶魚《うお》なくして魚《ぎょ》罟《こ》を為《つく》るがごときなり、と。

公孟子は、「鬼神はいない」といった。また、「りっぱな人物は必ず祭祀の儀礼を学習する」ともいった。墨子先生はそれに対していわれた。「鬼神がいないという主張をしながら、祭祀の儀礼を学習するのは、これは客がいないのに客をもてなす儀礼を学ぶようなものです。またこれは魚がいないのに魚をとる網をつくるようなものです」

〈公孟子〉はっきりしない人物であるが、この篇にみえるその主張からすると、儒家の人であることは確実である。恵棟《けいとう》は孟と明とは通用する字であるから、公孟子は公明子であろうといい、宋翔鳳《そうしょうほう》に『孟子』にみえる曽子《そうじ》の弟子の公明儀か公明高のいずれかであろうという。

（1）篇首から数章、公孟子との問答があるのを省いた。君子のことばは鐘のひびきのようだという公孟子の説を破って、時と場合で発言の態度を変えるべきだとし、一つの主張がりっぱであれば自然にひろがるから自分を売りこむことはやめよという公孟子に対して、同じ程度なら宣伝をしたものが勝ちだとするほか、種々の問答がある。

＊「鬼神を敬してこれを遠ざく」といったのは孔子である。儒家は死者の霊魂の存在に対して懐疑的であったが、それでいて祖先の祭祀を重んじた。この章はその矛盾をついたものである。

二　公孟子《こうもうし》、子墨子に謂《い》いて曰わく、子《し》、三年の喪《も》を以て非《ひ》と為《な》す。子の三月の喪も亦《また》非なり、と。子墨子曰わく、子、三年の喪を以て三月の喪を非とするは、是れ猶《なお》裸《ら》の撅者《けっしゃ》を不恭なりと謂うがごときなり、と。

公孟子が墨子先生にむかって、「あなたは三年のあいだ喪に服する儒家の礼をいけないといわれるが、それならあなたの主張する三ヵ月の喪も必要のないよくないことです」といった。墨子先生はいわれた。「あなたは三年の喪がだめだということによって三ヵ月の喪もだめだとされるが、それは大きな程度の違いを無視した議論であって、ちょうど裸になった者が着物の裾《すそ》をからげた者を不作法だというようなものだ」

〈三年の喪〉儒家の最も重い喪礼。親が死んだときの子の服喪の期間が三年であるので、こういう。節葬篇参照。

三　公孟子、子墨子に謂いて曰わく、知、人より賢《まさ》れるあらば、則ち知と謂うべきか、と。子墨子曰わく、愚の知も亦人より賢れるあり。而《しか》して愚豈《あに》知と謂うべけんや、と。

公孟子が墨子にむかっていった。「人よりたくさんのことを知っておれば賢い人だといえましょうか」。墨子先生はこたえられた。「愚か者でも、人よりたくさんのことを知っていることがある。だからといって、愚か者を賢い人だとどうしていえましょうか」

四　公孟子曰わく、三年の喪は、吾子《ごし》の父母を慕うに学べるなり、と。子墨子曰わく、夫《か》の嬰《えい》児子《じし》の知は、独《ただ》、父母を慕うのみ。父母得《う》べからざるなり。然れども号《さけ》びて止《や》めず。此れ其の故《ゆえ》何ぞや。即《すなわ》ち愚《ぐ》の至りなり。然らば則ち儒者の知、豈《あに》以て嬰児子に賢《まさ》れるあらんや、と。

公孟子は、「父母が死んだとき三年のあいだ喪に服するというきまりは、子どもが父母を慕うその心から学んだものです」といった。墨子先生はそれに対していわれた。「あの赤子の知恵は、ただ父母を慕うということだけだ。だから、父母がいてもいなくても、泣きさけんでやめないのです。その理由は何か。まだきわめて愚かだからです。してみると、儒家の人々の知恵というものも、赤子の知恵にまさるところはないわけです」

五　子墨子、儒者に問うて曰わく、何の故に楽《がく》を為《な》すか、と。曰わく、楽《がく》以て楽《らく》の為《ため》にす、と。子墨子曰わく、子未《いま》だ我に応《こた》えざるなり。今、我問いて何の故に室を為《つく》るかと曰い、冬は寒を避け、夏は暑を避く、且《か》つ以て男女の別の為にすと曰わば、則ち子は我に室を為るの故を告げたり。今、我問いて何の故に楽を為すかと曰い、楽以て楽の為にすと曰わば、是れ猶《なお》何の故に室を為るかと曰うに、室以て室の為にすと曰うがごときなり、と。(1)

墨子先生が儒家の人にむかって、「何のために音楽を奏するのか」とたずねられたところ、彼は、「音楽は悦楽のためにします」とこたえた。墨子先生はそれに対していわれた。「あなたはまだわたしの問いにこたえてはいない。いまわたしが『何のために家をつくるのか』とたずねた場合、『冬は寒さを避け、夏は暑さを避け、さらに男女の間の乱れを防ぐためだ』とこたえたとすれば、あなたはわたしに家をつくる理由を告げたことになる。ところが、いまわたしが『何のために音楽を奏するのか』とたずねたのに、『音楽は悦楽のためだ』とこたえたのでは、これはちょうど『何のために家をつくるのか』とたずねられて、『家をつくるのは家のためだ』とこたえたのと同じで、こたえにはなっていない」

〈楽以て楽の為にす〉上の「楽《がく》」は音楽、下の「楽《らく》」は楽しみ。今の発音では yüeh と lo と使いわけられるが、古代ではその区別はなかったらしい。ここのこたえ方は、儒家の音楽論によくみうけられるが、その同音異義を利用したしゃれたこたえ方である。ただし、それだけに表現としてはあいまいで、とくに実利主義の墨子の立場にはあわない。それがこの問答をひき起こしたのである。

（1）このあと原文では、儒家が鬼神を信ぜず、葬儀を手厚くし、音楽を尊重して運命を信ずることを攻撃した、程子《ていし》との問答があるが、長文で、すでに訳出した主旨と同じであるため省略した。

六　子墨子、程子《ていし》と弁じ、孔子を称す。程子曰わく、儒を非《ひ》とするに、何の故に孔子を称するや、と。子墨子曰わく、是れ其の当たりて易《か》うべからざる者なり。今、鳥は熱旱《ねつかん》の憂《うれ》いを聞かば則ち高く、魚は熱旱の憂いを聞かば則ち下《くだ》る。此《か》くの当《ごと》きは禹《う》・湯《とう》これが謀を為《な》すと雖《いえど》も、必ず易うること能《あた》わず。鳥魚は愚と謂《い》うべきも、禹・湯もなお因《よ》ること云《あ》り。今、翟《てき》も曽《すなわ》ち孔子を称することなからんや、と。（1）

墨子先生は、程子と議論をしたとき、孔子のことばを引用されたことがあった。そこで、程子は、「儒家の思想を非難なさりながら、どうして孔子のことばを引用されるのですか」とたずねた。墨子先生はそれにこたえられた。「事実にかなっていて改めようがないということがあるが、孔子のこのことばはそれだ。例えば、鳥は地上の熱気の恐れをさとると空高く昇り、魚は水上の熱気の恐れをさとると底深く沈むが、そうしたことは、たとえ聖人の禹《う》王や湯《とう》王があらわれて対策を考えたとしても、きっとそれ以外に改めようがない。鳥や魚は愚かなものというべきだが、禹王や湯王でさえそれにそのまましたがうこともある。今、このわたしもやはり孔子のことばを引用してもよかろうじゃないか」

〈程子〉三弁篇に程繁《ていはん》という人物がみえるが、それと同人であろうというだけで、よくわからない。その主張からすると儒家であるらしい。

〈云り〉「云」の字は「有」と通用する。王引之『経伝釈詞』にみえる。

〈翟〉墨子の名前。自称として使っている。

(1) 篇末までなお数章あるが、儒家の学説との対立を示す問答は、この章で終わるので、以下を省略した。

第四十九　魯《ろ》問《もん》篇

耕柱篇以後の篇とまったく同じ体裁の篇で、多くの人との問答を集めたものである。篇名も、最初に魯の君の問いがあるところからつけられたもので、篇の内容をあらわしたものではない。小国に対する大国の侵略を非難した非攻の主旨のものがはじめに数章まとまっているほかは、種々の問題にわたっている。中に、墨子のもとで学んだ者が防御戦に参加して戦死したのを、その父親が怒ってきたという章があり、墨子がそれにこたえて墨家の学の完成を目ざしたからには、戦死は本人として本懐だといっているのは、墨家集団の性格を示すものとして興味が深い。

また諸侯への弁説のしかたを問われた墨子が、国家の秩序が乱れているときは尚賢《しょうけん》・尚同の説を語り、国家の経済が悪いときは節用・節葬を語り、国じゅうの人が音楽にふけって快楽を求めているときは非楽・非命を語り、国じゅうの人が無礼ででたらめであれば天や鬼神への奉仕を説き、他国への侵略をしているときは兼愛・非攻を語れと教えているのは、墨家の学説を対症療法的に整理したもので、おそらく後の時代の加筆とは思うが、学説の性格の理解に便利である。

第五十　公輸《こうしゅ》篇

城攻めの道具を作った公輸盤と、戦争に反対する墨子との出会いを主題として、墨子の防御法の優秀さを強調した篇である。耕柱篇以下四篇が短いことばの集録であるのとは、違っている。

一　公輸盤《こうしゅばん》、楚《そ》の為《ため》に雲梯《うんてい》の械を造りて成る。将《まさ》に以て宋《そう》を攻めんとす。子墨子これを聞き、斉《せい》より起《た》ち、行くこと十日十夜にして郢《えい》に至り、公輸盤に見《まみ》ゆ。

公輸盤が、楚の国のために雲梯という城攻めの道具を完成したので、楚の国ではそれを使って宋の国を攻撃しようとしていた。墨子先生はそのことを聞かれると、斉を出発して十日間の昼夜兼行の旅で楚の都の郢に行かれ、そこで公輸盤に面会された。

〈公輸盤〉魯の人で、古来名工として有名。名前の「盤」は、「般」とも「班」とも書かれ、また魯班とも魯般ともよばれる。魯班は、後世、大工仕事の開祖として祭られている。『孟子』の中にも「離婁《ろう》の明、公輸子の巧」と出ており、その古注によると魯の昭公の子であったという。
〈雲梯《うんてい》〉長い梯《はしご》をとりつけた車で、城の攻撃に用いる。備梯篇第二章の注参照。

〈郢《えい》〉楚の都の名で、その土地はなんども変わっている。墨子の当時では、今の湖北省江陵県のあたり。

二　公輸盤《こうしゅばん》曰わく、夫子《ふうし》何をか命ずることを為《な》すや、と。子墨子曰わく、北方に臣を侮《あなど》る者あり、願わくは子《し》に藉《よ》りてこれを殺さん、と。公輸盤説《よろこ》ばず。子墨子曰わく、請《こ》う千金を献ぜん、と。公輸盤曰わく、吾《われ》、義として固《もと》より人を殺さず、と。子墨子起《た》ちて再拝《さいはい》して曰わく、請うこれを説かん、吾北方より、子の梯《てい》を為《つく》りて将《まさ》に以て宋《そう》を攻めんとするを聞く。宋、何の罪かこれあらん。荊《けい》国は地に余りありて民に足らず。足らざる所を殺して余りある所を争うは、智と謂《い》うべからず。宋に罪なくしてこれを攻むるは、仁と謂うべからず。知りて争わざるは、忠と謂うべからず。争いて得ざるは、強と謂うべからず。義として少なきを殺さずして衆《おお》きを殺すは、類を知ると謂うべからず、と。公輸盤服す。

子墨子曰わく、然《しか》らば胡《なん》ぞ已《や》めざるや、と。公輸盤曰わく、不可なり。吾既《すで》に已《すで》にこれを王に言う、と。子墨子曰わく、胡ぞ我を王に見《まみ》えしめざるや、と。公輸盤曰わく、諾《だく》、と。

公輸盤が、「あなたはわたしに何のご用でしょうか」とたずねると、墨子先生は、「北方でわたしを侮辱した者がある。どうかあなたのお力を借りて殺してしまいたいのです」といわれた。公輸盤は不愉快な顔をした。そこで墨子先生が、「あなたに千金をさしあげましょう」といわれると、公輸盤は、「わたしはもちろん主義として人殺しはしません」とこたえた。

墨子先生は立ちあがると、あらためて二度のおじぎをしていわれた。「どうかお聞き下さい。わたしは北方にいて、あなたが雲梯《うんてい》を作ってこれから宋を攻めようとしていることを知りました。宋にいったい何の罪があるのです。楚の国では土地が広くて余っているが、人口は不足している。それなのに、不足している民衆を殺して、余っている土地を増やそうとして争うというのは、知恵のあることとはいえません。何の罪もないのに宋の国を攻めるのは、恵み深いこととはいえません。そういうことがわかっていながら主君を諫《いさ》めないのなら、忠義とはいえません。諫めても聞きいれられないということなら、強いとはいえません。主義として少数の人間なら殺さないが多数なら殺すということなら、ものごとの比較を知るものとはいえません」。公輸盤はこのことばにすっかり承服した。

墨子先生はそこで、「それではどうして攻撃をやめようとしないのです」とたずねられると、公輸盤は、「だめです。わたしはもうそのことを王さまに申しあげてしまったのです」とこたえた。墨子先生は、「わたしを王さまに会わせていただけないか」といわれ、公輸盤は、「よろしい」とこたえた。

〈荊〉揚子江の中流地方一帯をさす名。ここでは楚の国の別名として使われている。

三 子墨子、王に見《まみ》えて曰わく、今、此《ここ》に人あり、其の文軒《ぶんけん》を舎《お》きて、隣《となり》に敝轝《へいよ》あればこれを窃《ぬす》まんと欲し、其の錦繡《きんしゅう》を舎きて、隣に短褐《たんかつ》あればこれを窃まんと欲し、其の粱肉《りょうにく》を舎きて、隣に穅糟《こうそう》あればこれを窃まんと欲す。此れ何若《いか》なる人と為《な》すか、と。王曰わく、必ず窃疾《せっしつ》ありと為す、と。子墨子曰わく、荊《けい》の地は方五千里、宋の地は方五百里なり。此れ猶《なお》文軒の敝轝におけるがごときなり。荊には雲夢《うんぼう》あり、犀兕麋鹿《さいじびろく》これに満《み》つ。江漢の魚鼈黿鼉《ぎょべつげんだ》は、天下の富たり。宋は所為《いわゆる》雉兎鮒魚《ちとふぎょ》もなき者なり。此れ猶粱肉の穅糟におけるがごときなり。荊には長松文梓楩枏予章《ぶんしべんなんよしょう》あり。宋には長木なし。此れ猶錦繡の短褐におけるがごときなり。臣、王の吏の宋を攻むるを以て、此れと同類と為す。臣、大王の必ず義を傷《そこな》いて得ざるを見ん、と。王曰わく、善きかな。然《しか》りと雖《いえど》も公輸盤我が為《ため》に雲梯を為《つく》る。必ず宋を取らん、と。

墨子先生は、楚王と会見するとこういわれた。「ここに一人の人物がいるといたします。自分のりっぱな乗物をすてておいて、隣にぼろ車があるとそれを盗もうとし、自分の錦《にしき》やあや絹をすてておいて、隣にぼろ着物があるとそれを盗もうとし、自分の米や肉をすてておいて、隣に穅《ぬか》や糟《かす》があるとそれを盗もうといたします。こういう人物は、いったいどうお考えになりますか」。王は、「きっと盗癖《とうへき》があると思う」とこたえた。

墨子先生はいわれた。「楚の領地は五千里四方もありますが、宋の領地はわずか五百里四方よりありません。これはちょうどりっぱな乗物とぼろ車との関係のようなものです。楚の国には雲《うん》夢《ぼう》という広い荘園があって、そこには犀《さい》や兕《じ》や麋《おおしか》や鹿などの動物がいっぱいおり、揚子江や漢水にいる魚や鼈《すっぽん》や黿《げん》や鼉《だ》などは世界一の豊富さですが、宋の国は雉《きじ》や兎《うさぎ》もいなければ鮒《ふな》のような小魚《こざかな》もいないといわれる貧しい土地です。これはちょうど米や肉のご馳走《ちそう》と糠や糟との関係のようなものです。また、楚の国には長松や文梓《ぶんし》や楩楠《べんなん》や予章《くすのき》などの大木がありますが、宋には大きな木はありません。これはちょうど錦やあや絹とぼろ着物との関係のようなものです。わたくしが考えますのに、王さまのお役人がたが宋の国を攻撃しようとしているのは、さきに申しあげた盗癖のある男の場合と同類です。きっと大王さまが正義を破ったというそしりを受けられるだけで、何の利益も得られない結果に終わるだろうと、わたくしは考えます」

王はそれを聞くと、「なるほど。しかし、公輸盤がわたしのために雲梯《うんてい》をつくってくれたから、宋の領地はきっと取れるだろうが」といった。

〈短褐〉褐はあらい織りの布、つまり粗末な布で作った着物。短はその布をさらに節約した短い着物の意味。ふつう下賤な者の着るものとされる。

〈犀兕麋鹿《さいじびろく》〉みな獣の名。兕は野牛に似た動物で、犀と同様にその堅い皮は兵器その他にひろく利用された。

〈魚鼈黿鼉《ぎょべつげんだ》〉鼈はすっぽん、黿はすっぽんの一種でさらに大きく、ともに珍味とされ、鼉は鰐《わに》に似た水生動物で、その皮を兵器や楽器に利用した。

〈文梓楩枏〉梓はあずさ、文梓はその一種であろう。楩枏はくすのきの一種。

四　是《ここ》に於《お》いて公輸盤に見《まみ》ゆ。子墨子、帯を解きて城と為《な》し、牒《じょう》を以て械と為す。公輸盤、九たび城を攻むるの機変を設《もう》く。子墨子、九たびこれを距《ふせ》ぐ。公輸盤の城を攻むる械尽くるも、子墨子の守圉《しゅぎょ》余りあり。公輸盤詘《くっ》す。而《しか》して曰わく、吾《われ》子を距ぐ所以《ゆえん》を知るも、吾言わじ、と。子墨子も亦《また》曰わく、吾子の我を距ぐ所以の者を知るも、吾言わじ、と。

楚王、其の故《ゆえ》を問う。子墨子曰わく、公輸子の意は、臣を殺さんと欲するに過ぎず。臣を殺さば、宋能《そうよ》く守ることなく、乃《すなわ》ち攻むべきなり、と。然《しか》れども臣の弟子禽滑釐《きんこつり》等三百人、已《すで》に臣の守圉の器を持ちて、宋城の上に在《あ》りて楚の寇《こう》を待てり。臣を殺すと雖《いえど》も絶つ能《あた》わざるなり、と。楚王曰わく、善きかな。吾請《こ》う、宋を攻むることなからん、と。

そこで、墨子先生はふたたび公輸盤と会われることになった。まず、墨子先生が自分の帯を解いて城の形をつくり、小さい木札を利用して高い建物や櫓《やぐら》にしたてた。さて、公輸盤は城攻めの道具をいろいろと並べて、この城に九度も攻撃をかけたが、墨子先生は九度ともそれを撃退した。公輸盤の城攻めの道具はすっかりなくなったが、墨子先生の防御法はまだいくらでも残っているというありさまで、ついに公輸盤も屈服した。そして、「あなたにうち勝つ方法をわたしは知っているが、いわないでおきましょう」といった。すると、墨子先生もまた、「あなたがわたしにうち勝つ方法というのは、わたしにもわかっているが、いわないでおきましょう」といわれた。

そこで、楚王がそれは何のことかとたずねた。墨子先生はそれにこたえられた。「公輸《こうしゅ》さんのお心はただわたしを殺したいということです。わたしを殺したら宋の国は防御できず、攻撃もたやすいという考えなのです。しかし、わたしの弟子の禽滑釐《きんこつり》たち三百人が、わたしの防御の道具を持ってすでに宋の城の上につめており、楚の攻めこんでくるのを待ちかまえています。わたしを殺したところで、わたしの防御法をなくすることはできません」。ついに楚王も、「なるほど。それでは宋を攻めることはやめにしよう」といった。

〈禽滑釐〉墨子の高弟。禽が姓で、禽子ともいわれる。次の備城門篇以下の防御戦の問答に出てくるほか、『荘子』『列子』『呂氏春秋』などにもその名がみえる。

＊禽滑釐を中心とする三百人が宋の城を守るためにつめかけているというこの記事は、墨家集団の一つの生態を示すものとして興味が深い。おそらく防御請負業者のような一派も後には出たのであろう。

五　子墨子帰らんとして宋《そう》を過《よぎ》る。天雨《あめ》ふり、其の閭中《りょちゅう》に庇《よ》るに、閭を守る者内《い》れず。故に曰わく、神《しん》に治むる者は衆人は其の功を知らず、明《めい》に争う者は衆人これを知る、と。

墨子先生は斉《せい》に戻ろうとして、道中、宋の国を通られた。たまたま雨にあったので、ある村里の門の中に入って雨宿りをしようとされたが、門番は、まさか自分の国を助けてくれた恩人とも思わず、中に入ることを許さなかった。だから、「神妙のうちに事を処理した人については、凡人たちはその功績に気づかず、人目につくところで功績の奪いあいをした者については、凡人たちはよく知っている」というのはこのことで、墨子先生の神妙な功績は一般には知られなかったのである。

〈神に治むる者は…〉『尸子《しし》』貴言篇に、「聖人は神《しん》に治め、墨人は明《めい》に争う」とある。

＊この篇の内容は、『呂氏春秋』愛類《あいるい》篇にも類似の文章でみえている。墨子が平和運動のために身を挺したおもむきがうかがえて興味が深い。十日十夜の強行軍で大国の本営にのりこんだり、三百人の弟子に命じて防御具を備えて城を守らせたりしている活動のありさまは、いかにも戦国時代にふさわしく生き生きとして自由である。墨子がここで守城の妙法を開陳しているのが、けっして空疎なものでないことは、次の備城門篇からあとの諸篇を読むことによって明らかになるであろう。『呂氏春秋』上徳《じょうとく》篇には、鉅子《きょし》の孟勝《もうしょう》が楚の陽城君から城の守備を頼まれ、それを守りきれなかったために弟子百八十人といっしょに自殺した話がみえている。それも、やはりこの篇と同じような墨家集団の活動を示すものである。

なお、次の第五十一篇は篇名も本文も滅びて伝わっていない。

第五十二　備城門篇《びじょうもんへん》

城門の防備というのが篇名であるが、これからはじまる二十篇の防御戦術論の序論ともなっていて、城攻めの方法に応じた守備の方法を、ひろく述べている。

一　禽滑釐《きんこつり》、子墨子に問うて曰わく、聖人の言に由《よ》れば、鳳鳥《ほうちょう》これ出《い》でず、諸侯は殷周《いんしゅう》の国に畔《そむ》き、甲兵天下に方《なら》び起こり、大は小を攻め、強は弱を執《と》る、と。吾《われ》は小国を守らんと欲《ほっ》す。これを為《な》すこと奈何《いかん》、と。子墨子曰わく、何の攻にかこれ守る、と。禽滑釐対《こた》えて曰わく、今の世に常に攻むる所以《ゆえん》の者は、臨《りん》・鉤《こう》・衝《しょう》・梯《てい》・堙《いん》・水《すい》・穴《けつ》・突《とつ》・空洞《くうどう》・蟻傅《ぎふ》・轒轀《ふんおん》・軒車《けんしゃ》あり。敢《あ》えて問う、此の十二の者に守ること奈何、と。

禽滑釐は墨子先生に質問した。「聖人のことばによると、太平のしるしとなる鳳凰《ほうおう》の鳥は久しくあらわれず、諸侯たちは殷《いん》の王室や周の王室にそむいて、世界じゅうにいっせいに戦争が起こり、大国は小国を攻撃し、強国は弱国を併合するようになった、と申します。この乱れた世の中で、わたしは小国を守りたいと思うのですが、どうしたらよいでしょうか」

墨子先生はいわれた。「どういう攻撃から守ろうとするのか」

禽滑釐はこたえた。「このごろふつうに使われる攻め方としては、第一には、城外に土を盛りあげてその高みから攻めかける臨があり、第二には、城壁にかぎ縄《なわ》をかけてよじ登る鉤《こう》があり、第三には、高いやぐらのある車で、その上から橋をかけて攻めかかる衝があり、第四には、雲梯《うんてい》という高いはしご車で攻める梯があり、第五には、堀などを埋めてかかる堙《いん》があり、第六には、水攻めの水があり、第七には、地面に隧道《すいどう》を掘って城に近づく穴《けつ》があり、第八には、不意をついて城下に迫る突があり、第九には、城中へ通ずる穴をあける空洞があり、第十には、蟻《あり》のつくように密集して城に迫る蟻傅《ぎふ》があり、第十一には、轒轀《ふんおん》という城攻めの四輪車を使って迫るのがあり、第十二には、上げ下げのできる物見やぐらがついた軒車《けんしゃ》でうかがうのがあります。これらの十二の城攻めを防ぐには、どうしたらよいでしょうか、おたずねしたいのです」

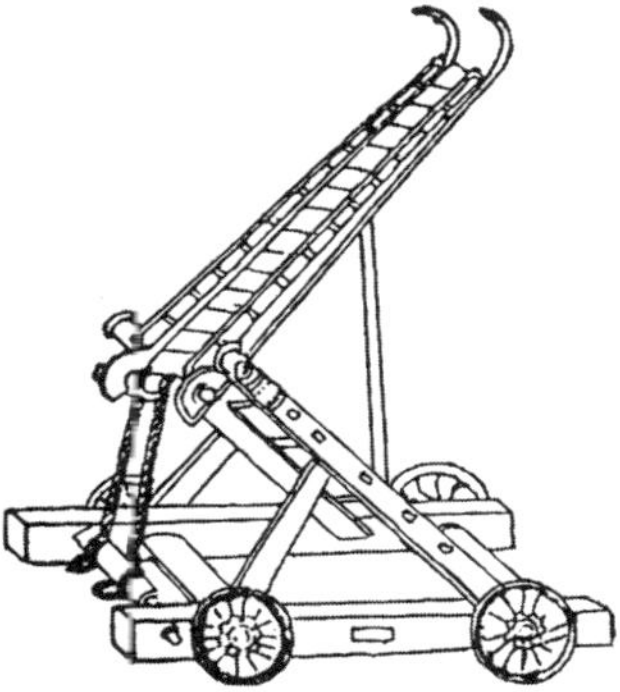
衝と同じ働きをする搭天車（明版武経総要）

〈鳳鳥これ出でず〉『論語』子罕《しかん》篇に「鳳鳥至らず、河《か》、図《と》を出ださず。吾已《や》んぬるかな」という孔子のことばがある。鳳凰は瑞鳥《ずいちょう》で、太平の世になるとあらわれるとされた。

〈臨・鉤…〉解釈については岑仲勉《しんちゅうべん》『墨子城守各篇簡注』の説によることが多い。訳文の補いをすると、「轒轀」は中に人が入って押し進め、敵城の下まで矢石をさけて迫る四輪車、「軒車」は八輪車の上に一本の柱があり、柱のさきに轆轤《ろくろ》がついていて物見の乗る箱を上下できる巣車《そうしゃ》のことだという。

二　子墨子曰わく、我が城池《じょうち》は修まり、守器は具《そな》わり、樵粟《しょうぞく》は足り、上下は相親しみ、また四隣諸侯の救いを得、此れ持《じ》する所以《ゆえん》なり。且《か》つ守る者善《よ》しと雖《いえど》も、而《しか》も君これを用《う》いざれば、則ち猶《なお》以て守るべからざるが若《ごと》きなり。若《も》し君これを用うれば、守る者はまた必ず能《のう》か。守る者不能《ふのう》にして君これを用うれば、則ち猶以て守るべからざるが若きなり。然《しか》らば、則ち守る者必ず善くして、而《しか》も君これを尊用し、然る後《のち》以て守るべきなり、と。

墨子先生はいわれた。「味方の城も堀も堅まり、守備の道具も完備し、燃料も兵糧もじゅうぶんで、身分の高下をとわず親しみあい、さらに四方の隣国の救援が得られるというのが、これが持ちこたえるための条件である。そこで、さらに守備にあたる人々がりっぱならよいのだが、その人々がりっぱでも、君主が用いなければ、これは守備できないのと同じである。もし君主が用いるなら、守備にあたる人にはきっと有能な人を選ぶべきだ。守備にあたる人が無能であるのに君主がそれを用いたなら、これはまたやはり守備できないのと同じである。してみると、守備にあたる人々が必ずりっぱで、しかも君主がそれを重く用いてこそ、はじめて守備できるのである」

三　凡《およ》そ守圉《しゅぎょ》の法、城は厚くして高く、壕池《ごうち》は深くして広く、楼撕《ろうせい》は修《おさ》まり、守備は繕利《ぜんり》し、薪食《しんしょく》は以て三月以上を支《ささ》うるに足り、人衆《おお》くして選《せん》、吏民和し、大臣は上に功労ある者多く、主は信にして義あり、万民これを楽しむこと窮《きわ》まりなし。然《しか》らざれば父母墳墓《ふんぼあ》在るなり。然らざれば山林草沢の饒《じょう》、利するに足るなり。然らざれば地形の攻め難くして守り易《やす》きなり。然らざれば則ち適《てき》に深怨《しんえん》ありて上に大功あるなり。然らざれば則ち賞は明らかにして信ずべく、而《しか》して罰は厳にして畏《おそ》るるに足るなり。此の十四の者具《そな》われば、則ち民亦《また》其《そ》の上《かみ》を疑わず。(1)然る後に城守るべし。十四の者一もなければ、則ち善者と雖《いえど》も守ること能《あた》わず。

およそ防御のために必要なことは、城壁の土盛りはしっかりと高く、堀割は深くて大きく、物見やぐらは整い、守備の道具はりっぱに作られ、三ヵ月以上をささえるだけの燃料と食糧があり、人口は多くてみな秩序を守り、役人と庶民のあいだはなごやかで、国家に功労のある大臣がたくさんおり、誠実で正しい君主を上にいただいて万民がこのうえもなく喜んでいる。こういうのが防御のために必要なことである。もし、これらがじゅうぶんでないとするなら、父母の地で祖先の墳墓の地だということが、それを補ってくれる。また、そうでないとするなら、山林や草原沼沢地の産物の豊かなことが必要である。またそうでないとするなら、その地形が攻めにくくて守りやすいということが必要である。またそうでないとすれば、一般に敵に対して深い怨《うら》みがあり、国のために大きな貢献がなされている必要がある。またそうでないとすれば、はっきりして確かな賞与と、きびしくて威厳のある罰とが必要である。以上の十四のことがすべて備わっていれば、民衆はもはやけっして上のものを疑わない。こうしてこそ城は守備できるのである。十四のことの中で一つも備わらないということなら、たとえ守備にあたる人がりっぱでも、防御することはできない。


〈選〉「選」は「斉」の字と通ずる。ととのうこと。

〈主は信にして…〉君主のことを説く。兪樾が、「主は信じて」と読んで、上の「大臣」を信ずることとみるのは誤りである。

〈適に深怨あり〉「適」は「敵」の字と通ずる。『墨子』ではこの用例は多い。
(1) 原文は「民亦不宜上矣」とあり、意味が通らない。諸説があるが、いま岑仲勉の説にしたがって「宜」を「疑」に改めた。

＊この一章であげることは、前の章であげたことと重複がある。墨子の門人のあいだに分派ができて、同じことの異伝が後にいっしょに合わせられたからであろう。兼愛篇などの上中下の三篇があるものについても、ふつうそのようにいわれるが、『墨子』のなかにはこうした重複の例は少なくない。

四　故に凡《およ》そ守城の法、城門に備うるには、県門沆機《けんもんかんき》を為《つく》る。長さ二丈《じょう》、広さ八尺《せき》、これを為りて両《ふた》つながら相如《ひとし》くす。門扇《もんせん》は数《せま》りて相接せしむること三寸、土を扇上《せんじょう》に施すは二寸に過ぐるなし。塹《ざん》の中《うち》深さ丈五、広さ扇《せん》に比す。塹の長さ力を以て度と為《な》す。塹の末にはこれが県を為り、一人所《ばかり》を容《い》るべし。

客至らば、諸門戸みな鑿《うが》ちて孔《あな》を慕《も》し、各《おのおの》二慕を為り、一鑿《さく》にして縄《なわ》を繫《つな》ぐこと長さ四尺。城の四面四隅《ぐう》にはみな高磿㯰《れきせい》を為り、重室の子をして其の上に居《お》らしめ、適《てき》を候《うかが》いて、其の能状《たいじょう》と其の進退左右の移る所の処《ところ》を視《み》しむ。候《こう》を失すれば斬《き》る。適人、穴を為りて来たらば、我亟《すみや》かに穴師《けっし》をして士を選び、迎えてこれを穴せしめ、これが為《ため》に内弩《ないど》を具《そな》えて、以てこれに応ず。民の室の材木瓦石《がせき》、以て城の備えを益《ま》すべき者は、尽《ことごと》くこれを上《たてまつ》らしめ、令に従わざる者は斬る。(1)

そこで、およそ城を守備するために必要なことは、城門の備えとして、まず非常の際に落として入口をふさぐ県門《けんもん》すなわち吊《つ》り門と、それを上げ下げするための輪転装置とを用意する。吊り門の扉《とびら》の高さは二丈で幅八尺。これを二枚同じように作る。この二枚の扉はぴったりくっついて三寸だけ重なる。扉の表面には火攻めに備えて泥を塗っておくが、あまり厚いと剝《は》げ落ちるから、二寸だけの厚さにしておく。さて塹壕《ざんごう》の中は、深さ一丈五尺、幅は吊り門の扉と同じで、その長さは軍の力のあるだけ、できるだけのことをする。塹壕のはしに、県門の当番兵の居場所を作り、それは一人が入れる程度の広さにする。

さて、いよいよ敵がやってくることになると、敵の様子をうかがったり弓を射たりするために、すべての門の扉にはみな丸い穴型をうがつ。門ごとに二つの穴を作る。その一方には扉をひっぱる縄をつないでおくが、その長さは四尺にする。

城の四方正面と四隅《よすみ》には、いずれも高い物見やぐらを作る。やぐらの上には貴族の子弟を登らせ、敵の様子をさぐって、敵軍の状態とその前進・後退・左右へ移動する場所とを観察させる。もし観察を間違ったなら、斬り殺す。

敵兵がもし穴を掘って攻めてきたならば、味方は急いで穴の中の戦闘の指揮者である穴師《けっし》に命じ、適当な兵士を選ばせて、こちらからも敵の穴にむかって穴を掘らせる。短い弩弓《どきゅう》をそのために用意して、敵兵にたち向かうのである。

なお民家の建材である材木や瓦や石の類で、城の備えを堅めるのに役立てられるものは、すべて献上させる。もし命令にしたがわない者があれば斬り殺す。


〈県門浣機《かんき》〉『春秋左氏伝』の疏《そ》に、「県門とは、板をくみ合わせて門と同じ高さと幅とにしたもので、輪転の装置を作って門の上につっておき、事変があると、ひきがねをひいてこれを落とす」とある。浣機は関機と同じで、上下するための輪転装置、機はひきがね。

〈丈・尺・寸〉長さの単位。十寸が一尺、十尺が一丈。一寸は今の約二・二五センチメートルに当たるといわれる。

〈孔を慕し〉「慕」を「幕」の誤りであろうとし、冪《べき》すなわちおおい隠しの意味に読むのがふつうであるが、今、岑仲勉にしたがって「模」と通ずるとみて、型の意味に読んだ。

〈内弩〉備穴篇にみえる短弩と同じだという。穴中で敵を防ぐのに便利な短い強弓。

（1）このあと原文では、築城の方法、守備のための施設・設備・兵器の配置などが、こまかい数字つきで説かれているが、文の乱れも多く、不明の個所が少なくないので省いた。

第五十三　備高臨篇《びこうりんへん》

高臨すなわち高い足場から攻めかかる敵に対する防御法を説く。味方の築城法や器械の作り方など、すこぶる技術的である。

一　禽子《きんし》再拝《さいはい》し再拝して曰わく、敢《あ》えて問う、適人《てきじん》土を積みて高きを為《な》し、以て吾《わ》が城に臨《のぞ》み、薪土《しんど》倶《とも》に上げ、以て羊坽《ようれい》を為《つく》り、櫓《ろ》を蒙《こうむ》りて倶に前《すす》み、遂《つい》にこれを城に属《つら》ね、兵弩《ど》倶に上らば、これを為すこと奈何《いかん》、と。子墨子曰わく、子、羊坽の守りを問うか。羊坽は将の拙《せつ》なる者なり。以て卒《そつ》を労するに足《た》るも、以て城を害《そこな》うに足らず。守るには台城を為り、以て羊坽に臨み、左右に巨《きょ》を出《い》だすこと、各《おのおの》二十尺、行城《こうじょう》三十尺、強弩《きょうど》これを射、技機《ぎき》(1)これに藉《せま》り、奇器これを……(2)、然らば即《すなわ》ち羊坽の攻敗《やぶ》れん、と。(3)

禽子《きんし》はていねいに二度のおじぎを重ねていわれた。

「おたずねいたしますが、敵兵が土を高く盛りあげて、味方の城を上から見下し、用材と土とをいっしょに運び上げて足場を作り、大きな楯《たて》で遮蔽《しゃへい》しながらその足場を前に進めてきて、ついにこちらの城までつづけたうえで、矛《ほこ》や弓などを持ち上げて攻めかけてくれば、その対策はどうしたらよいでしょうか」

墨子先生はこたえられた。「お前は足場攻め、つまり羊坽《ようれい》に対する守り方をたずねているのだな。羊坽の攻め方を使ったりするのは、将軍としてはまずいやり方だ。足場を作るのに兵卒を疲労させるだけで、城に害を与えることはとてもできない。守り方としては、味方のほうでも高い台城を仮りの城として築きあげて、敵の足場を上から見下すようにし、その左右へそれぞれ大木を組んでならべた張り出しを二十尺の長さで作る。この仮り城の高さは三十尺である。そこから強い弩《いしゆみ》で射かけ、精巧な器械で圧迫し、変わった器具で攻撃する。こうしたなら羊坽の攻撃はきっと失敗するのだ」

〈禽子〉前篇の禽滑釐のことである。「子」をつけてよんでいるのは尊敬した言い方で、前篇と違っているのは、筆記者が違うか、それともどちらかが後で改変した結果であろう。

〈再拝〉尊敬のおじぎ。手を前に組んで、腰を折りながらその高さまで頭を下げるのが拝。それを二度くりかえす。

（1）孫詒譲は、「校機」の誤りであろうといい、備穴篇にみえる「鉄校」のことだというが、それがどんなものかはわからない。ここでは原本どおり読んで、「技」を精巧の意にみた。

（2）一字または二字の脱落がある。

（3）このあと「連弩《れんど》の車」と称する防御器械の説明に入る。たくさんの強弩をしばりつけて機械的に発射する装置をとりつけた戦車のことで、その構造と使用法とが述べられている。「二本の軸で四つの車輪、車輪は車体の中に入っている。車体のわくは上下に重ね、左右二本の柱でつなぐ…」といった調子で、こまかい数字も書かれている技術的な文献である。

＊第五十二備城門篇以下は、守城に関するたいへん技術的な内容で、それまでの篇の内容とはすっかりおもむきが違っている。最後の第七十一雑守篇に至るまでの二十篇は、おそらくもともと前の部分とはまったく別派の人によって書かれたもので、伝承も違っていたと思われる。この二十篇のうちには、原文が欠けて存在せず、篇名すらわからないものがあり、現存する十一篇の内容も全体として本文の乱れが特にはなはだしく、完全でないものが多い。

第五十六　備《び》梯《てい》篇

堀を埋めて城壁下に迫り、梯車《はしごしゃ》で攻撃を加えてくる敵兵に対する守備法である。梯よりも高い仮り城と、それを利用した防御戦とが述べられる。

一　禽滑釐子《きんこつりし》、子墨子に事《つか》うること三年、手足胼胝《へんてい》に、面目黧黒《れいこく》に、身を役《えき》して給使《きゅうし》し、敢《あ》えて欲《ほっ》することを問わず。子墨子其《はなは》だこれを哀《かなし》み、乃《すなわ》ち酒を澄《す》まし脯《ほしにく》を脯《ほ》し、大山《たいざん》に寄《いた》り、茅《かや》を昧《し》きてこれに坐し、以て禽子に樵《しょう》す。禽子再拝して嘆ず。子墨子曰わく、亦《また》何をか欲する、と。禽子再拝し再拝して曰わく、敢えて守道を問う、と。子墨子曰わく、姑《しば》らく亡《な》かれ、姑らく亡かれ。古《いにしえ》、其の術を有《たも》つ者、内は民を親しまず、外は治を約《ととの》えず、少を以て衆を間《あなど》り、弱を以て強を軽《かろ》んじ、身死し国亡《ほろ》びて、天下の笑いと為《な》る。子其《しそ》れこれを慎め。恐らくは身の菑《わざわ》いと為らん、(1)と。

禽滑釐先生は、墨子先生のもとで三年間おつかえした。手足の皮も固くなり、顔色もまっ黒になるほど、労働にはげんで先生のためにつくしたが、質問したいことは何一つおたずねしないでいた。墨子先生はそれをたいへんあわれに思われた。そこで濁り酒を清《す》ませ乾肉《まし》を干《ほ》しあげて、泰山《たいざん》まで出かけてゆき、茅《かや》の敷物をしいてそこに坐って、禽先生に酒をすすめられた。禽先生は二度のおじぎをして、ああ、と嘆息された。墨子先生は「いったい何をたずねたいのかね」と問われた。禽先生はていねいに二度のおじぎをくりかえすと、「弱小の国を守備する方法をおたずねしたいのです」とこたえられた。墨子先生はいわれた。「まあ待て待て。むかしそのやり方を心得た君主がいたが、それに頼るあまり、国内では民衆に親しまず、対外的には政治を整えず、少数の人口でいて、多数の人口を持つ国をあなどり、国力も弱いのに強い国をばかにして、結局はわが身は殺され、国家は滅ぼされてしまって、世界じゅうのもの笑いになった。お前もここのところをよく考えよ。そうでないと、おそらくわが身のわざわいとなるだろう」

〈手足胼胝に…〉墨家の集団がいかに勤労にはげんだか、また弟子たちが、集団の統率者である鉅子《きょし》に対して、いかに献身的につかえたかを暗示している。

〈其だ〉「其《き》」は「綦《き》」の字と通じ、「綦」は甚《はなは》だの意がある。

〈樵す〉「樵《しょう》」は、ここでは「醮」の字と通じ、酒をくんですすめる意。『儀礼』の注に「酌《く》みて酬《むく》いて酢《すす》むることなきを醮という」とあり、献酬をしないすすめ方のこと。

(1) 原文は「恐為身薑」で、畢沅《ひつげん》は「薑」は「僵」に通ずるという。倒れる意である。岑仲勉《しんちゅうべん》は「菑」と改め、災の意だという。意味の上からして後説がすぐれていると思われるので、それにしたがった。

二 禽子《きんし》再拝頓首《とんしゅ》し、遂《つい》に守道を問わんことを願いて曰わく、敢《あ》えて問う、客衆《おお》くして勇、吾《わ》が池《ち》を堙資《いんじ》し、軍卒並び進み雲梯《うんてい》既《すで》に施し、攻備已《すで》に具《そな》わり、武士また多く、争うて吾が城に上らんとせば、これを為すこと奈何《いかん》、と。

子墨子曰わく、雲梯の守りを問うか。雲梯は重器《じゅうき》なり。其の動移は甚《はなは》だ難《かた》し。守るには行城《こうじょう》雑楼を為《つく》り、相見《あいへだ》てて以て其の中を環《めぐ》らし、広狭《こうきょう》に適するを以て度《ど》と為し、環《かん》の中《うち》に幕を藉《し》き、其の処《ところ》を広くすることなかれ。行城の法は城より高きこと二十尺、上に堞《ちょう》を加う。広さ十尺。左右に巨《きょ》を出《い》だすこと各《おのおの》二十尺。雑楼の高さ広さは、行城の法の如《ごと》し。爵穴煇《しゃくけつくん》鼠《そ》を為り、苔《とう》を其の外に施し、機衝桟城《きしょうさんじょう》、広さ隊《たい》と等《ひと》しくし、其の間に雑《まじ》うるに鐫剣《せんけん》を以てす。衝《しょう》を持《じ》する者十人、剣を執《と》る者五人、みな有力の者を以てす。目案者をして適《てき》を視《み》しめ、鼓《こ》を以てこれを発し、夾《はさ》みてこれを射、重ねてこれを射、技機《ぎき》もてこれに藉《せま》り、城上より繁《しげ》く矢石沙灰《しせきさかい》を下して以てこれに雨ふらし、薪火水湯《しんかすいとう》以てこれを済《たす》く。賞を審《つまびら》かにし罰を行ない、静を以て故《こ》と為し、これに従うに急を以てし、慮《りょ》を生ぜしむることなし。此《か》くの若《ごと》くなれば、則ち雲梯の攻は敗《やぶ》れん、と[1]。

そこで、禽先生は、二度のおじぎをしてからさらに額《ひたい》を地につける礼をして、ついに守備の方法をおたずねしたいと願い出た。「おたずねいたしますが、数が多くてしかも勇敢な敵軍が味方の堀を埋めてしまい、兵士たちがいっせいに進撃してきて、雲梯とよぶ高い梯《はしご》をつらね、攻め道具もすっかりとりそろえ、たくさんの戦士がまた争って味方の城壁に登ってくるという事態にたったときは、その対策はどうしたらよいでしょうか」

墨子先生はこたえられた。「雲梯に対する守り方をたずねているのだな。雲梯というのは重い兵器であって、その移動はたいへん困難なものだ。その守り方としては、仮り城や臨時の高楼を、間隔をおいて主城の周辺に丸く配置する。その丸い輪のとり方は土地の広さに応じて適度にしてよいが、輪の内側には仮り城などの間に幕を張って外からの遮蔽《しゃへい》とするから、その間隔はあまり開いていてはいけない。

さて仮り城のさだめとしては、主城よりも二十尺高く作って、その上に垣《かき》をめぐらすが、垣の幅は十尺である。そこから左右へそれぞれ大木を組んでならべた張り出しを二十尺の長さでつき出す。臨時の高楼、つまりいわゆる雑楼の高さや広さは、仮り城のさだめと同じである。これらの上には垣のやや下に雀穴《すずめあな》とか煇鼠《ねずみくすべ》とよばれる物見の穴を設け、外からはその穴は見えないようにしておく。発射装置などの器機類、高いやぐらのある衝車《しょうしゃ》、渡り桟橋《さんばし》、仮り城などを整備して、それらのひろがりは敵の攻撃の隊伍の幅と同じにし、またそれらの間に雲梯をうちこわすための手斧や刀剣を配置する。衝車を動かす者は十人、刀剣を持つ者は五人で一組とするが、みな力持ちの者を当てる。さて敵が近づくと、瞬《まばた》きをしない者に敵情を監視させ、太鼓をたたいて命令を発し、両側からはさんでいっせいに弓を射かけ、精巧な器械で圧迫し、城の上からは矢と石と砂と灰とを雨のように猛烈にあびせかけ、さらに火のついた薪《まき》や熱湯まで加える。賞罰を厳格に実行し、ふつうはあくまで平静であるが、情況に応じて敏速に行動して、変事の起こらないようにする。以上のようにしたなら、雲梯の攻撃はきっと失敗するのだ」

〈頓首〉坐って額を地につける礼。拝よりていねいな礼。

〈雲梯〉唐の『通典《つてん》』によると、「大木で床を作り、下に六つの車輪がある。上には二本の突出《つきだし》を作り、それに梯《はしご》をとりつける。長さは一丈二尺、足かけが四本あるから一段の間隔は三尺である。全体としてやや湾曲している。雲間に飛んで城中をうかがうのである。また城に上るための梯もある。これは上部に二つの轆轤《ろくろ》がとりつけてあり、城によりかからせて上るのであって、飛雲梯とよばれる」とある。後世の構造であるが、古代のものも想像できるであろう。

〈爵穴煇鼠〉爵は雀《じゃく》と同じ。雀《すずめ》の出入りするような穴の意味。備城門篇に「城の上に爵穴をつくる。垣の下三尺のところで、穴の外方を広くする。穴の大きさは炬火《たいまつ》の出し入れができる程度である…」とみえ、今の探照灯のように、この穴から長い竿で炬火をさし出して敵情監視の便をはかったものである。煇鼠は熏鼠と同じで、鼠穴をくすべるという意味から出た名称で、やはり爵穴と同類の物見の穴である。

（1）このあと、仮り城の上に作る垣のほか細部の構造を述べ、敵軍との戦闘にもふれている。

第五十八　備《び》水《すい》篇

城中に水を貯えておき、敵軍侵攻のときに決壊させるという守城法が説かれている。その装置は、城内外の土地の高下をはかり、城中の低地を深く掘って渠《ほりわり》を作っておき、外の水道と通ずるようにし、そこに水をたたえておく。城中の渠に船を浮かべて、十艘《そう》を一臨《いくさぐるま》とし、一臨ごとに三十人ずつの兵士を乗せておく。陸上戦の轒轀車《ふんおんしゃ》のようにして二十艘を一隊に編成する。敵軍侵攻の時機を見はからってせきをやぶり、水流の勢いに乗じてこの軍船を流して敵陣を襲い、同時に城中からも射撃して船隊を援護するというものである。

篇名からすると、もともと敵軍の水攻めに対する防御法を説いたものに相違ないが、今日ではその一部分だけが残ったものと思われ、文章も短いものである。

第六十一　備《び》突《とつ》篇

備城門篇にみえた「突」の攻撃に対する防御法を述べるのが、この篇の主旨であったと思われるが、今はその一部分しか残っていない。それによると、「突門」という特殊な門を設けて敵軍の侵攻を防ぐことになっている。その装置は、城中百歩ごとにこの突門をおくが、そこにはかまどを設け瓦の屋根をかけ、水が中に入らないようにしたうえ、両側に輪転装置をとりつけて門の扉をつるしておき、閉鎖のための係員を配置しておく。さて敵がやってくるとこの突門に導き、急に扉をおろして塞《ふさ》ぐと、かまどの中につめた柴《しば》ともぐさに火をつけて、それをふいごであおり、煙をたててくすべたて、敵兵を悩ますという。

この作戦はあとの備穴篇にみえるものと似ているが、「突」と「穴」との攻撃法が似ているからのことであろう。備水篇の場合に、水に備えるというよりも、水を用いて守備するという意味が強かったように、ここでも「突門」によって守備するという意味あいが強いが、おそらくそれはもともとの篇の主旨ではないであろう。

第六十二　備《び》穴《けつ》篇

隧道《すいどう》を掘って城に侵入する穴攻めの対策を説く。敵の隧道に対してこちらからも穴をぶつけ、煙でくすべて戦闘を行なうことをこまかく述べている。

一　禽子《きんし》再拝し再拝して曰わく、敢《あ》えて問う、古人に善《よ》く攻むる者あり。土に穴ほりて入り、柱に縛《しば》りて火を施し、以て吾《わ》が城を壊《こわ》す。城壊るれば、或《ある》いは人に中《あ》たらん。(1)これを為《な》すこと奈何《いかん》、と。子墨子曰わく、土に穴ほることの守りを問うか。穴ほるに備うるには、城内に高楼を為《つく》り、以て謹しみて適人《てきじん》を候望《こうぼう》す。適人、変《へん》を為し、垣《かき》を築き土を聚《あつ》むること常に非《あら》ざる者と、彭《あま》ねく水濁ありて常に非ざる者とは、此《こ》れ土に穴ほるなり。急ぎ城内に壍《ざん》し、其の土に穴ほりてこれに直《あた》る。井《せい》を城内に穿《うが》つこと、五歩に一井、城足に傅《つ》く。高地には丈《じょう》五尺、下地には泉《せん》を得《う》れば、三尺にして止《や》む。陶者《とうしゃ》をして罌《かめ》を為らしめ、容《い》るること四十斗《と》以上。固くこれを幎《おお》うに薄輅革《はくらくかく》を以てして、井中《せいちゅう》に置く。聡耳《そうじ》の者をして罌に伏してこれを聴《き》かしめ、審《つまび》らかに穴の在《あ》る所を知り、穴を鑿《うが》ちてこれを迎う。

禽先生はていねいに二度のおじぎをくりかえしてからいわれた。「おたずねいたしますが、古人に攻撃のうまい者がおりまして、地中に穴を掘って城内に侵入し、柱に薪《まき》をしばりつけて火をかけ、味方の城を破壊するという戦法を考えました。城が破壊されたとなると、おそらく人もくじけましょう。この対策はどうしたらよいでしょうか」

墨子先生はこたえられた。「穴攻《あなぜ》めに対する守り方をたずねているのだな。穴攻めを防ぐには、まず城内に高楼をつくって、その上から慎重に敵のようすをうかがうことだ。敵軍のようすがにわかに変わって、しきりに垣を築いたり土を集めたりしてただごとでないという場合、また一面に濁水があふれてきてただごとでないという場合、こうしたときには敵が地中に穴を掘っているのだ。さて、それに気づいたなら、急いで城内でも土を掘り、地中に穴をあけて敵に対抗すべきである。その掘り方は、城内に五歩の間隔でいくつかの井戸を掘り、城の台地の下までとどくようにする。ただし高い土地なら一丈五尺も掘ればよく、低い土地で地下水が出てくれば、三尺でやめる。別に陶人《やきものし》に四十斗《と》以上も入る大甕《がめ》を作らせ、その甕の口に薄くやわらかい皮をしっかりとかぶせて、それを井戸の中におく。そして、耳の鋭い者を井戸の中に入らせて、その甕に耳をあてて敵が穴を掘っている音を聞かせる。こうして敵の隧道《すいどう》の場所がはっきりわかると、こちらからも穴を掘って敵の隧道にぶつけるのである」

〈五歩〉歩は一歩すなわち今の二足《ふたあし》の長さのことで、六尺に相当する。五歩は三十尺で、今の約七メートル。

〈四十斗〉斗は量《かさ》の単位。一斗は十升《しょう》、今の約一・九四リットルに当たるという。

(1) 原文は「或中人」で、よく意味が通らない。「城中人」の誤りであろうとして下句につづける説もあるが、下句は他篇の例からして、それだけで意味はじゅうぶんである。なんらかの誤脱があることは確かであるが、しばらくこのままで読んでおく。

二 陶者《とうしゃ》をして瓦竇《がとう》(1)を為《つく》らしむ。長さ二尺五寸、大きさは囲《い》(2)。これを中判して合し、これを穴中《けっちゅう》に施す。一を偃《あおむ》け、一を覆《ふく》す(3)。善《よ》く其の竇際《とうさい》を塗《ぬ》り、泄《も》らさしむることなし。両旁《りょうぼう》みな此《か》くの如くにして、穴と倶《とも》に前《すす》み、下《しも》は地に迫《せま》る。康《こう》(4)と炭を其の中に置き、満たすことなし。炭康、長さは竇に互《み》たす。左右倶に雜《まじ》えて相如《あいし》く。穴の内口を竈《そう》と為し窯《かま》の如くせしむ。七八員《えん》の艾《がい》を容《い》れしむ。左右の竇みな此くの如し。竈は四橐《たく》を用う。穴且《まさ》に遇《あ》わんとすれば、頡皐《けっこう》を以てこれを衝《つ》き、疾《すみや》かに橐を鼓《こ》してこれを熏《くん》ず。必ず明らかに橐事《たくじ》を習う者をして竈口を離れしむることなからしむ。

連版《れんばん》は、穴の高下広狭を以て度《ど》と為し、穴者《けっしゃ》と版とをして倶に前ましむ。其の版を鑿《うが》ちて、矛《ほこ》を容れしめ、其の疏数《そさく》を参分《さんぶん》して、以て竇を救うべからしむ。穴則《も》し遇わば、版を以てこれに当たり、矛を以て竇を救い、竇を塞《ふさ》がしむる勿《な》かれ。竇則し塞がらば、版を引きて郤《しりぞ》き、一竇にして塞がるに遇えば(5)、其の竇を鑿《うが》ち、其の煙を通ず。煙通ずれば、疾《すみや》かに橐《たく》を鼓して以てこれを熏ず。穴の内《うち》より穴の左右を聴き、急ぎ其の前を絶ちて、行くことを得しむる勿かれ。若《も》し客穴《きゃくけつ》に集まれば、これを塞ぐに柴塗《さいと》を以てし、版を焼くべきことなからしむ。

然らば則ち土に穴ほるの攻は敗れん、と。(6)

「陶人《やきものし》に瓦製の筒口《つつぐち》を作らせる。長さは二尺五寸で、太さはひとかかえである。たてに二つに割ったものを合わせて、これを隧道の中に設置するが、一方を上にむけ他方を下にむけて、重ね合わせて円筒の形にし、そのつぎめにじゅうぶんに土を塗って、円筒の中の空気が外にもれないようにする。隧道の両側ともこのようにして、穴を掘り進むのにつれてそれを伸ばしてゆくが、筒の底は地面にくっつける。

円筒の中には、いっぱいにつめないようにして、糠《もみがら》と炭とを、筒の長さだけ入れておく。左右両方の筒に、どちらも糠と炭とをまぜて、同じようにする。隧道の入口は竈《かまど》につくり、ちょうど陶工の窯《かま》のようにするが、その大きさは七、八束《たば》の艾《もぐさ》が入るぐらいである。左右両方の筒をみなこのようにする。竈では四つのふいごを使用する。こうして掘り進んだ隧道が、いよいよ敵の隧道にぶつかりそうになると、力を加重する道具を使って、間の壁を急激につき破り、すぐさま艾に火をつけて、ふいごを動かして敵をくすべるのである。このとき、必ずふいごの扱いをじゅうぶんに習得した者にそこをやらせて、竈の口からはけっして離れさせないようにする。

大きな板を組み合わせた連版《れんばん》は、隧道の高さと幅との大きさに作り、隧道を掘る者とこの連版とをいっしょに前進させる。連版には穴をあけておいて、立てて隧道をふさいだときに、そこから敵のほうへ矛《ほこ》をつき出せるようにしておく。その穴のあけ方のこまかさの程度は三とおりにして、筒口を守りやすいようにする。

さて、隧道が敵の隧道にぶつかったとなると、連版によって対抗し、矛で煙の出る筒口を守って、敵に筒口をふさがせてはならない。もし筒口がふさがれたならば、連版を後退させながら退却し、もし一本の筒口だけがふさがれた場合は、その筒をうち割って煙が通るようにする。煙がうまく通ったなら、すぐさまふいごを動かして敵をくすべる。

隧道を掘ってゆくのには、隧道の中から左右の物音をよく聞いて敵のいる場所をさぐりながら前進し、急に敵の前方を遮断して敵が進めないようにする。もし、敵の隧道の横腹にぶつかったときは、泥を塗って燃えないようにした柴垣でそこをふさぎ、敵の投げた火で連版を焼かれないようにする。このようにしたなら、穴攻めの攻撃はきっと失敗するのだ」

〈両旁みな此くの如く〉この両側は、筒の両側とみるのが自然かもしれない。つまり半円形のものを上下にして筒型に合わせると、つぎめが両側にできるから、これをいうのかと思う。ただ、後文によると、隧道の中に二本の筒を置くようであるから、一応、隧道の両側とみた。
〈七八員の艾〉「員」は「円（圓）」と同じで丸の意味。もぐさを丸く束ねたものをいう。七、八束のもぐさの意味で、隧道の中の敵をくすべるのに使う。

〈頡皐〉桔槹《はねつるべ》のこと。一本の柱の上に横棒をわたし、棒の一方に重しをつけ、他方につるべを下げて、水汲みの便をはかる道具。ここでは、その原理を応用して作られた、人力を加重して土壁を破る装置をさしていると思われる。

〈連版〉大きな板を組み合わせた楯《たて》のようなもので、穴いっぱいの大きさにして、敵と遭遇したときに、穴をふさぐもののようである。その目的は、おそらく煙が味方のほうに逆流しないことを主とするのであろう。したがって煙の出る筒口だけは敵のほうに出ているが、それをふさぎに来る敵兵をたおすために、矛をつき出す穴を用意してある。穴のあけ方のことも述べられているが、はっきりとはわからない。

(1) 原文は「月明」とあり、王引之は「瓦罌」と改めたが、岑仲勉は「瓦竇」とした。後文に「竇」の字が出てくるからである。

(2) 原文は「六囲」。岑仲勉の説にしたがって、「六」を「大」に改めた。

(3) この句の下に「柱之外善周塗、其傅柱者勿焼、柱者勿焼、柱」の十七字があるが、隧道の柱のことを述べていて、前後との連絡が悪い。いま孫詒譲・岑仲勉の説にしたがって除いた。

(4) 原文は「灰」。岑仲勉にしたがって改めた。

(5) 原文は「過一竇而塞之」。王引之は「過」を「遇」に改めたが、なお誤りがあると思う。

(6) このあと、隧道の構造をさらにこまかく数字をまじえて示し、また敵との遭遇戦のしかたを説いている。ただ誤脱も多く、意味の明白でないところが多い。

＊備穴篇の内容には難解でよくわからないところもあるが、物見台から敵の穴攻めを探索する方

法とか、井戸を掘って敵の穴の方向を探知する方法とか、煙攻めの方法とかいうものが、こまかく説かれていて興味が深い。前後の諸篇を読むことによって、古代の城の攻防戦のありさまを、かなり具体的に知ることができるのも楽しいことである。

第六十三　備蛾傅篇《びぎふ》

蛾傅すなわち蟻附《ぎふ》は、蟻《あり》のように城にとり附くという意味。人海戦術で城壁下におしかけてくる敵軍に対する守備法を説いたのが、この篇である。禽子の問いに墨子がこたえるという形をとっている。

まず仮り城や弩《いしゆみ》の発射装置を装備したうえ、火や熱湯、砂や石などを用意して、城の下からはい上がってくる敵兵にそれを雨のように降らせる。また一定間隔にひめ垣を作り、滑車によってそれを上下できるように装置して、敵兵を撃退する。

城下には、また幾重にも防具を備えつけて敵の進撃を阻止するが、竹槍のようにさきを鋭くとがらせた殳《しゅ》を何本もならべた連殳とか、鋭くけずった木をつきたてた柵《さく》とかが有効である。城の上ではまた小さい薪を利用した火攻めの火捽《かそつ》という戦術を用意する。敵兵の頭上にそれを落とすのである。また四尺ごとに県火《けんか》を設け、鼓声を合図に一時に点火して、その火勢で敵を威圧し、決死隊をくり出して反撃する。鼓声によって勢いを増すこと、もちろんである。この際、味方は白衣をつけ特別な暗号を使って、彼我の区別をはっきりさせねばならないという。

第六十八　迎敵祠篇《げいてきし》

敵軍の侵攻を迎え撃つに当たっての祭祀を述べる。まず、敵軍の東方からの来攻には東壇に迎え、青い旗、服を用いて青神に祈る。南方からの来攻には南壇に迎え、赤い旗、服を用いて赤神に祈る。西方からの来攻には西壇に迎え、白い旗、服を用いて白神を祈る。北方からの来攻には北壇に迎え、黒い旗、服を用いて黒神に祈る。

次に気には大将の気、小将の気、往気、来気、敗気があるが、それらを見分けられる者が事の成敗吉凶を知るわけである。したがって、巫祝《ふしゅく》を尊敬してその実情を報告させねばならない。

また守城の法として、百官以下すべてをそれぞれの分担任務につかせ、資材兵器を配備して戦備を完全にするが、その際には山川社稷《しゃしょく》を祭り、祖先の大廟《たいびょう》に誓って勝を祈る。

備城門などの実戦的なのと違った儀礼的なもので、資料としても新しく思える。しかし、『孫子』のはじめの「廟戦」からも知られるように、戦争という大事にさいして種々の祭祀があったことは、古代社会のあり方から考えても自然なことであろう。

第六十九　旗《き》幟《し》篇

守城の法として旗や信号を通報具とすることを述べる。物を求めるときには旗を城の上にかかげ、得られたときにはそれを下ろす。木には蒼旗、火には赤旗、薪樵には黄旗、石には白旗、水には黒旗等々と旗の色で必要物資を示す。

また、敵軍の侵入状況の通報にも用いる。敵軍が前の堀の外辺まで侵攻したときには、三鼓（三回太鼓をたたく）と一旗（一本の旗を立てる）、堀の中洲《す》までのときには四鼓と二旗、ひめ垣までのときには五鼓と三旗等々と太鼓の打つ回数と旗の本数で通報する。

夜間には火を代用し、敵軍退却のときには侵攻のときと逆に合図する。さらに城将以下兵士の旗幟には、それぞれきまりを定める。すなわち旗の長さは城将は五十尺、四門の将は四十尺、その次は三十尺等々とする。さらに赤い布の識《しるし》をつくり、それぞれ背・頭上・肩等々に置かせる。それとともに、左右の軍は一鼓、中軍は三鼓とし、それぞれの出撃応戦命令を下す。かつ城中の吏卒・男女は衣服に記章をつけてその別を明らかにし、軍の紀律を粛正し、恩賞刑罰を正当にする。

第七十　号《ごう》令《れい》篇

号令すなわち城中の軍紀の維持に関係することを、主な内容としている。戦時における城中の秩序の維持と、敵軍侵攻のときの軍令の徹底とに分かれるが、こまかい犯罪をかかげて厳罰と賞与でそれを防いでゆくことが述べられている。

例えば、城中の守備には、分担区域を定めて、昼夜の巡回検察を行なわせ、割符・手形によってスパイなどの探索につとめるが、犯人を逮捕しそこなったり見のがしたりした者は犯人と同罪になるとか、火災については、失火の責任者は死刑、また消火作業で騒いだ者も死刑だとか、逃亡兵の処罰では、その上官もいっしょに厳罰をうけるなどである。斬罪・車裂・連坐法など、全体として法家流の厳罰主義が強いのは、軍紀の維持が戦争の勝敗に直接関係することだからである。

なお、「亟《すみや》かに敵を傷《やぶ》るを上《じょう》と為す。その日を延べ久を持して救いの至るを待つは、守りに明らかなる者にあらず」とか、斥候の使い方を述べたりしているところは、『孫子』などと似た兵書としての性格を濃厚にあらわしている。

第七十一　雑《ざっ》守《しゅ》篇

備城門篇のはじめと似た内容で、守城のための戦術総論というべきものである。各種の城攻めの方法とそれを防ぐ方法が、また述べられており、全体として重複したところも少なくない。雑守というのは、いろいろの守り方という意味で、守城法の全体を総合したことをあらわしているのであろう。ただ、守城のためにどれほど防備を整え、軍令を厳格にし、戦術を用意しても、どうしても守りきれないという場合が五つあるという最後の結びは、墨子の守城各篇の結末としてもふさわしいので、ここに訳出しておく。

墨子先生はいわれた。「およそどうしても守りきれないという場合が五つある。城が大きいのに人が少ないという場合が、第一。城が小さいのに人が多いという場合が、第二。人が多いのに食糧が少ないという場合が、第三。経済の中心である市部が城から離れて遠いという場合が、第四。蓄積した財物が城外にあって、富豪も逃げてしまったという場合が、第五である」

諸子百家関連年表

前四七九年（周敬王四十一年・魯哀公十六年）

孔子が七十四歳の生涯を閉じた。この年の二年前、魯《ろ》の哀公が西方へ狩猟して麟《りん》を捕えた。孔子はそれを聞くと、道の衰えたことを嘆いて『春秋《しゅんじゅう》』の著述をそこで止めたという。

前四七八年（周敬王四十二年・魯哀公十七年）

墨子《ぼくし》（名は翟《てき》）がこのころ、魯国に生まれた。はっきりしたことは一切不明である。一説に、「墨翟」は姓名ではなく、「墨」は刑徒の顔の入れ墨、「翟」は雉《きじ》の羽のことで、それをつけて、みずからを特徴づけたものだという。出身についても賤民である工人であったとか、下級武士であったとかいわれる。生没に諸説があるが、孔子没後十年以内に生まれたことはほぼ確実である。

前四七三年（周元王三年・越勾践二十四年）

越王の勾践《こうせん》が宿敵の呉を滅ぼした。それより二十年前に越は呉に大破されたが、勾践は范蠡《はんれい》の計を用いて臥薪嘗胆《がしんしょうたん》し、二年前から呉を包囲して、ついにいわゆる「会稽《かいけい》の恥」をそそいで天下の覇者となった。越は、五年後に都を琅琊《ろうや》に遷し、勾践はその三年後に没した。

前四五八年（周貞定王十一年・晋出公十七年）

晋の六卿《りくけい》の一人知伯《ちはく》が、その国内の有力な氏族である趙《ちょう》・韓《かん》・魏《ぎ》の三氏とともに、范《はん》・中行氏を滅ぼし、その地を分割した。

前四五三年（周貞定王十六年・趙襄子二十二年）

晋の趙・韓・魏の三氏が、知伯を滅ぼし、その地を三分した。

前四四四年（周貞定王二十五年・楚恵王四十五年）

このころ墨子が説いて、楚の宋《そそう》攻略を中止させた。楚王が公輸盤《こうしゅばん》に雲梯《うんてい》という城攻めの道具を作らせ、それで宋を攻略しようとしていることを聞いた墨子は、禽滑釐《きんこつり》ら三百人の弟子に守城の兵器をもって宋の城を固めさせ、自分は十昼夜の強行で魯から楚に行き、楚王と公輸盤を説得して、攻撃を中止させた。

前四三九年（周考王二年・楚恵王五十年）

墨子は楚の恵王に平和論を述べた書物を献じたが、王は老年という理由でその実践を断わった。

前四三八年（周考王三年・宋昭公三十一年）

墨子はこのころ宋の大夫としてつかえていたが、昭公の奸臣である子罕《しかん》の計略によって捕えられた。またこの二十年くらいの間に孔子の弟子の子貢《しこう》・子夏《しか》・曾子《そうじ》などが没している。

前四一五年（周威烈王十一年・魯穆公元年）

墨子はこのころ、子思《しし》らとともに魯の穆公につかえていた。魯は斉の攻撃を防ぐことに腐心していたが、それについての墨子の策が入れられなかったので斉に去った。

前四〇五年（周威烈王二十一年・斉宣公五十一年）

墨子はこのころ斉にいた。斉は最強国で、侵略戦争を続け、魯を三回も攻伐した。平和主義者の墨子は斉王と将軍の項牛子《こうぎゅうし》をいさめて、魯攻略を断念させようとした。斉では宣公が死に康公が位につくと、実権は大夫の田和《でんか》に移った。

前四〇三年（周威烈王二十三年・晋烈公十四年）

晋の大夫の趙・韓・魏がそれぞれ一国として独立した。趙籍《ちょうせき》は前年、韓虔《かんけん》は十六年後に、魏斯《ぎし》はこの年に「侯」と称し、晋は事実上解体した。一般にこの年以降を戦国時代とする。この年の二、三年後には孔子の孫の子思が没し、鄭《てい》には法律家の申不害《しんふがい》が生まれ、列子がつかえていた。またこの前後、法律学者の李悝《りかい》が魏の文侯につかえ、「地力を尽くす法」などを定めて、魏の国力を増大するのに功績をたてた。

前三九四年（周安王八年・楚悼王八年）

墨子はこのころ楚におり、魯陽《ろよう》の文君と論じた。この一、二年後にこの地で没したらしい。

前三八九年（周安王十三年・魯穆公二十七年）

孟子がこのころ鄒《すう》（孔子の生国魯の隣国）に生まれた。名は軻《か》で、字《あざな》は子輿《しよ》。またこのころ、秦の大政治家となった商鞅《しょうおう》が衛に生まれた。

前三八四年（周安王十八年・楚悼王十八年）

兵法家の呉起《ごき》が魏の国を逃れて楚に行き、そこで宰相となった。こののち、法律制度を整え、富国強兵をはかって諸国から「強楚」としておそれられるまでにしたが、国内では楚の貴族のためにじゃまをされ、三年後に楚の貴族の大臣たちによって殺された。同じ兵法家の孫臏《そんぴん》が斉の国で生まれたのはこのころであろう。

前三八一年（周安王二十一年・楚悼王二十一年）

墨家の鉅子《きよし》の孟勝《もうしょう》が没した。楚の貴族の陽城君に領地の守備を任《まか》されていたが、陽城君が政治的失敗によって領地を没収されたため、孟勝は守り通せなかったことを恥じて自殺した。百八十人の弟子がそのあとを追って死に、鉅子の位は宋の田襄子《でんじょうし》に譲られた。

前三七六年（周安王二十六年・斉侯剡九年）
斉の田午が国君剡《えん》を殺して自立し、「田斉」をはじめた。以後、斉国の君は呂氏に代わって田氏となった。

前三六七年（周顕王二年・趙成侯八年）
趙と韓とが周の内紛につけこんで攻めこみ、ついに周を東周・西周の二小国に分けた。

前三六四年（周顕王五年・秦献公二十一年）
秦が石門《せきもん》で魏を破り、魏兵六万の首を斬った。秦は献公の即位いらい新政策を行ない、国力を増強して、このころから本格的に東方攻略にのり出した。

前三六二年（周顕王七年・魏恵王九年）
魏が都を安邑《あんゆう》から大梁《たいりょう》に遷した。安邑は秦に近く、秦の攻撃を防ぐことができなかったためと、また、趙と韓への対策とのために遷都したのである。

前三六一年（周顕王八年・秦孝公元年）
衛の商鞅が秦の孝公につかえた。魏の公叔痤《こうしゅくざ》につかえていた彼は、痤が没したために秦に移った。二年の後、信任されて変法を断行し、富国強兵をはかり、秦の天下統一の基礎を築いた。

前三六〇年（周顕王九年・斉桓公十五年）

孫臏《そんぴん》はこのころ龐涓《ほうけん》とともに兵法を学んでいた。のち二人は仇敵の間柄となった。

前三五七年（周顕王十二年・斉威王元年）

斉では威王のときから稷門《しょくもん》のほとりに邸宅を設け、遊説《ゆうぜい》の士を招いて優遇した。彼らは実際の政治に当たらず、学問と議論に時を過ごしたが、「稷下の学士」とよばれた。のち、淳于髡《じゅんうこん》・孟子・宋鈃《そうけい》・鄒《すう》衍《えん》・荀子など著名な学者先生がここに集まった。

前三五五年（周顕王十四年・魏恵王十六年）

孫臏はこのころ魏の将軍の龐涓の招きに応じて魏におもむいたが、龐涓は孫臏の才能に及ばないことをねたんで彼の両足の筋を切断し、入れ墨をさせ、再び世の中に出られないようにした。こののち、孫臏はこっそりと斉の使者と面会し、その車に乗せられて魏の国を脱出すると、斉に行ってその将軍田忌《でんき》のもとに身を寄せた。

前三五四年（周顕王十五年・魏恵王十七年）

魏が趙の都の邯鄲《かんたん》を包囲した。趙は救いを斉に求め、共同して対抗したが、撃退できず、翌年邯鄲は陥落した。こののち、斉では孫臏の才能に注目してその策謀を用いることになり、その力によって三年後に邯鄲はふたたび趙の国に復した。

前三五二年（周顕王十七年・秦孝公十年）

秦の商鞅が大良造の地位につき、魏を伐《う》ち、その安邑を降した。

前三四四年（周顕王二十五年・魏恵王二十七年）

このころ魏の勢力が絶頂に達した。恵王は諸侯との会合を逢沢《ほうたく》の地で主宰し、秦の公子をもしたがえて周の天子に謁見した。恵王が王と称したのはこのときからである。

前三四三年（周顕王二十六年・魏恵王二十八年）

斉の孫臏は、巧みな計略を用いて魏の龐涓の軍を馬陵《ばりょう》でうち破り、大勝利を収めてその名を天下にあげた。魏は将軍の龐涓を殺され、太子の申《しん》を捕虜にされたが、また翌年には秦・斉・趙・宋に伐たれて破れ、恵王の覇業は早くも衰えはじめた。

前三三八年（周顕王三十一年・秦孝公二十四年）

この年より三年前、秦の商鞅は魏攻伐その他の功績により商の十五邑《ゆう》に封《ほう》ぜられ、商君と称したが、この年、孝公が没すると秦人は商鞅が作ったきびしい法制をうらんで、彼を車裂きの刑にし、その家を滅ぼした。申不害がこのころ韓で没した。

前三三四年（周顕王三十五年・魏恵王後元年）

名家すなわち論理学者の恵施《けいし》が魏の宰相となり、秦と斉にはさまれて苦しんでいた魏のために策をたて、恵王と斉の威王とを会見させて平和関係を打ち立てた。

前三三三年（周顕王三十六年・燕文公二十五年）

蘇秦《そしん》が六国を合従《がっしょう》させ、みずからその大臣となった。蘇秦は燕の文公につかえ、秦の脅威に苦しんでいた燕・趙・韓・魏・斉・楚の東方六国を縦に同盟させ、秦に対抗した。しかし、翌年、蘇秦が趙を去ったため、合従は破れた。

前三三〇年（周顕王三十九年・秦恵文王八年）

荀子がこのころ趙に生まれた。名は況、後年の大儒であるが、くわしいことは何もわからない。張儀がはじめて秦に入り、この二年後に秦の大臣となって連衡政策を実施することになった。

前三二五年（周顕王四十四年・秦恵文王十三年）

秦の恵文君がはじめて王と称し、改元した。また、恵文王は墨者を好み、鉅子《きょし》の腹䵍《ふくとん》が秦につかえた。

前三二二年（周顕王四十七年・魏恵王後十三年）

秦が魏を伐ち、曲沃《きょくよく》と平周を奪った。魏の恵王はやむなく秦の大臣の張儀を魏の大臣とし、秦と結ぶ連衡政策をとった。魏のもとの大臣恵施は楚に逃げた。

前三二〇年（周慎靚《しんせい》王元年・魏恵王後十五年）

孟子が魏に行き恵王に会い、王道政治を説いた。孟子の遊説の第一歩である。

前三一九年（周慎靚王二年・魏恵王後十六年）

魏の合従派の公孫衍《こうそんえん》が、斉・楚・燕・趙・韓の五国の支持を得て、魏の大臣となり、張儀は秦に追われた。恵施も魏にもどったが、このとき恵王が没した。

前三一八年（周慎靚王三年・魏襄王元年）

魏では襄《じょう》王が即位したが、孟子はその人となりに失望して斉に行き、宣《せん》王の信任を得た。一方では趙・韓・魏・燕・楚が合従して秦を攻めたが、函谷関《かんこくかん》で大破された。斉の孫臏がこのころまでに没している。

前三一七年（周慎靚王四年・秦恵文王後八年）

趙・韓・魏の連合軍が秦を伐ったが、秦の大勝に終わった。この年、秦は張儀を再び大臣とし、蘇秦は斉で殺された。

前三一四年（周赧《たん》王元年・斉宣王六年）

斉は、燕の内乱に乗じて攻めこみ、燕王の噲《かい》と宰相の子之《しし》を殺し、その全土を征服した。しかし、翌年には燕の人々はこれに背いて公子の職《しょく》を位につけた。燕の昭王である。諸侯もこれを支持して斉は窮地におちいった。昭王はこののち国力を充実して斉に復讐しようとして賢士を招いたが、まず郭隗《かくかい》を重用したところ、楽毅《がくき》・鄒衍《すうえん》・劇辛《げきしん》などが集まった。

前三一二年（周赧王三年・斉宣王八年）

燕の占領政策などにつき、斉の宣王と孟子との意見が合わず、ついに孟子は斉を去った。二年後、張儀は再び魏の大臣となった。

前三〇七年（周赧王八年・秦武王四年）

秦は韓の要地である宜陽《ぎよう》を奪い、韓兵六万を殺し、黄河を渡って武遂に基地を築き、中原《ちゅうげん》侵略の足場を固めた。また、趙の武霊王が軍装を胡服に変え、騎射の軍を編成した。

前三〇六年（周赧王九年・楚懐王二十三年）

楚が越の内乱に乗じてこれを攻め滅ぼした。

前三〇五年（周赧王十年）

孟子は各地をめぐって魯に行き、門人楽正子《がくせいし》の紹介で平公に面会しようとしたが、中傷されて果たされず、あきらめて故郷の鄒《すう》にもどった。以後、門人の教育に専念し、数年後に没した。荀子はその青年期で、なお郷里にあって勉学につとめていた。

前二九九年（周赧王十六年・斉湣《びん》王二年）

斉の孟嘗君《もうしょうくん》が秦の大臣となった。孟嘗君は前に魏・斉の大臣になったが、このころ薛《せつ》で食客数千人を好遇し、名声が高かったので、秦の昭王は人質を斉に入れ、孟嘗君を招いて大臣とした。一年後、孟嘗君は危険を察して脱出し、斉に帰って大臣となると、韓・魏とともに秦を伐った。このころ食客好遇の風が盛んで、趙の平原君、魏の信陵君、楚の春申君なども食客数千人を擁した。あわせて四君子といわれた。

前二九六年（周赧王十九年・楚頃襄王三年）

楚の懐王が秦で没した。懐王は秦の張儀の弁説に惑わされ、同盟国の斉・韓・魏に背いて孤立化し、秦に捕えられていた。詩人の屈原《くつげん》はしばしば懐王をいさめたがいれられず、ついに汨羅《べきら》で投身自殺した。

前二九三年（周赧王二十二年・秦昭襄王十四年）

秦の名将白起《はくき》が韓・魏の軍を伊闕《いけつ》に破り五城を降し、二十四万人を斬った。翌年また魏と楚を伐って破り、四年後にも魏を伐って大小六十一の城を奪った。

前二八九年（周赧王二十六年・斉湣王十二年）

荘子《そうし》がこのころ斉で没した。のちに秦の始皇帝の宰相となった呂不韋《りょふい》が韓に生まれた。

前二八八年（周赧王二十七年・秦昭襄王十九年）

秦の昭襄王がみずからを「西帝」と称し、斉の湣王を「東帝」と称したが、三ヵ月後には帝号をやめて王号に復した。

前二八四年（周赧王三十一年・斉湣王十七年）

燕は昭王が即位ののち、郭隗《かくかい》の策を用いて賢者名将を招き、国力の充実を計っていた。この年、燕の楽毅は燕・韓・趙・魏・秦・楚の軍をしたがえて斉を伐ち、都の臨淄《りんし》に攻め入り、宝物を奪い、宮室宗廟を焼いた。法家の慎到《しんとう》、道家の接子、田駢《でんぺん》など稷下の学士はすべて離散した。

前二八三年（周赧王三十二年・秦昭襄王二十四年）

趙の恵文王が楚の和氏《かし》の璧《へき》を手に入れ、秦の昭襄王がそれを十五城と交換しようと欺いたが、趙の藺《りん》相如《しょうじょ》が秦に行き璧を奪われないで帰った。秦が魏の安城を降し、国都の大梁まで攻めこんだが、燕・趙の援軍が魏を助けたので秦軍は去った。

前二八〇年（周赧王三十五年・秦昭襄王二十七年）

秦の名将白起が趙を伐った。また、司馬錯《しばさく》が楚を伐ち、楚は漢北および上庸の地を秦に献じた。このころ韓非が韓に生まれた。公室の一門ではあったが疎遠であった。また李斯《りし》もこのころ楚に生まれた。

前二七九年（周赧王三十六年・趙恵文王二十年）

趙の将軍廉頗《れんぱ》が斉を攻めた。また、趙の恵文王が秦の昭襄王と黽池《めんち》で会したが、趙王には藺相如がついて行き、趙王を助けて秦王と対等に会わせた。このころ趙には廉頗と藺相如の二人がいたので、秦は趙を侵さなかった。この年、公孫竜《こうそんりょう》が燕から趙に来て、燕にいたときと同じように盛んに詭弁をふるいながら平和主義を唱えた。

前二七八年（周赧王三十七年・斉襄王六年）

このころ斉の稷下が復興し、荀子は年五十歳ではじめて遊説の旅に出て斉をおとずれた。斉では彼を稷下の最長老として尊敬し、その首席である祭酒《さいしゅ》すなわち教育長として三選するほど優遇した。秦の白起が楚を伐ち、都の郢《えい》を降したので、楚は陳に都を遷した。

前二七五年（周赧王四十年・魏安釐《あんき》王二年）

魏は前年につづいて秦に伐たれ、都の大梁を包囲された。魏は秦に温の地を与えて和睦したが、その後、つぎつぎに秦に攻撃され、その地を奪われた。

前二六六年（周赧王四十九年・秦昭襄王四十一年）

秦は范雎《はんしょ》を大臣とし、応侯として封じた。昭襄王は彼の政策を高く評価し、古い大臣たちを追放した。

前二六四年（周赧王五十一年・秦昭襄王四十三年）

荀子がこのころ秦に行き、応侯の范雎と会見して政治を論じたが、秦が儒教を用いる気のないことを知り、ほどなく去った。

前二六二年（周赧王五十三年・趙孝成王四年）

荀子が生国の趙に帰り、孝成王に謁見し、その面前で臨武君と兵を論じた。

前二六〇年（周赧王五十五年・斉王建五年）

荀子はこのころまた斉に行く。韓非・李斯が、ともに荀子の門に入り学んだのもこの前後であろう。李斯は楚の田舎の小役人であったが、厠で汚物を食う鼠と米蔵で悠々と米を食う鼠とを見て発奮し、帝王《おう》の学を学ぼうとして荀子の門をたたいたのだという。この年、秦の白起が趙を大破した。はじめ秦の王齕《こつ》の軍がしきりに挑戦したが、趙の廉頗は塁壁を堅めて応戦しなかった。趙王は、秦のスパイに惑わされて、将軍を廉頗から趙括にかえ、秦では白起を将軍に立てた。趙括は白起の誘いに乗ってすぐに応戦し大破され、四十五万の趙兵が坑殺された。

前二五六年（周赧王五十九年・秦昭襄王五十一年）

斉で中傷された荀子は、楚の春申君のもとに身を寄せて蘭陵の地の長官となった。八十歳を過ぎた高齢で、この地で静かな学究と教育の生活に入った。この年、秦が周を滅ぼした。秦の東方への攻略が急であるため、西周は恐れて秦に背いた。秦の昭襄王は怒って大軍を西周にさしむけようとしたため、西周の武公が秦に急行し、謝罪して全領地と戸口を秦に献じた。周の赧王が没すると周の民は東方に逃亡し、周は滅びて戦国時代も終わりに近づいた。

前二五四年（秦昭襄王五十三年・魏安釐王二十三年）

秦が魏を伐ち、魏は秦の命令を聞くこととなった。

前二五一年（秦昭襄王五十六年・趙孝成王十五年）

公孫竜がこのころに没した。趙の大商人として活躍していた呂不韋《りょふい》が「奇貨おくべし」として、人質として趙にきていた秦の公子の子楚《しそ》にとりいった。公子はのちの荘襄王で始皇帝の父である。

前二四九年（秦荘襄王元年・楚考烈王十四年）

秦の荘襄王が位につき、呂不韋が秦の宰相となる。文信侯と名のり、洛陽の十万戸に封ぜられた。また、この年に秦は東周を滅ぼし、楚が魯を滅ぼした。

前二四七年（秦荘襄王三年・魏安釐王三十年）

李斯が楚からきて呂不韋の家来となり、のち始皇帝にも接することになった。魏の信陵君が五ヵ国の兵を率いて秦を攻め、河内《かだい》で破り、秦の将軍蒙驁《もうごう》を敗走させた。

前二四六年（秦始皇帝元年）

秦王政《せい》が即位した。のちの始皇帝である。彼は呂不韋が荘襄王（子楚）に献じた呂不韋の妾《しょう》と呂不韋との間の子といわれる。十四歳で即位し、呂不韋を尊んで仲父《ちゅうほ》と呼び、国政を委任した。

前二四二年（秦始皇帝五年・魏景湣王元年）
秦の将軍蒙驁が魏を伐って二十城を奪い、はじめて東郡を置いた。
前二四一年（秦始皇帝六年・楚考烈王二十二年）
楚・魏・趙・韓・燕の五国が合従し、楚が指導国となって秦を伐ったが、かえって函谷関に破られ、楚は都を陳から寿春に遷した。
前二四〇年（秦始皇帝七年）
呂不韋が『呂氏春秋《りょししゅんじゅう》』を著わした。呂不韋は天下の学者を招いてその見聞を著述させ、天地万物古今の事を網羅し、国都咸陽《かんよう》の市門に表札をかけて「一字でも増減できる者あれば千金を与える」と豪語したという。
前二三八年（秦始皇帝九年・楚考烈王二十五年）
楚の春申君が、李園のために殺され、荀子は庇護者を失ったが、老齢のためそのまま蘭陵の地に止まり、のち一、二年で没した。蘭陵の人々は荀子を尊んで孫卿子とよび、長く追慕した。
前二三七年（秦始皇帝十年・韓王安二年）
呂不韋の家来の嫪毒《ろうあい》が太后と私通していたことがわかり、呂不韋がそれに関係していたために呂不韋は宰相を免ぜられ、追放された。二年後、呂不韋は自殺した。この年、始皇帝は李斯の意見をいれ、外国人追放令を思い止まった。李斯はまた韓の併合を説いたので、韓ではその対策に腐心した。韓非はそのためにたびたび献策したが重く用いられなかった。
前二三四年（秦始皇帝十三年・韓王安五年）

韓非の書いた『孤憤《こふん》・五蠹《ごと》』が始皇帝の目にとまり、始皇帝はそれに非常に感心した。始皇帝はそれを古人の著作かと考えたが、韓非のものとわかると、ぜひ彼に会いたいと思い、急に韓を攻めて韓非を使者にたてることを求めた。韓非が秦におもむくと、始皇帝はその才をよろこび重く用いようとした。

前二三三年（秦始皇帝十四年・韓王安六年）

韓非は李斯にねたまれて中傷され、投獄された。李斯の使者は毒をもってきて、韓非に自殺を強要した。韓非は自殺させられた。

前二二七年（秦始皇帝二十年・燕王喜二十八年）

燕の太子丹《たん》が始皇帝を刺殺しようとして荊軻《けいか》を秦に派遣したが失敗に終わった。このため燕は翌年に都の薊《けい》を攻め落とされ、燕王は遼東に逃げると、太子丹を斬って秦に謝罪した。

前二二一年（秦始皇帝二十六年）

秦は魏・楚・趙・燕をつぎつぎと滅ぼし、ついに斉をも滅ぼして天下統一の業を成しとげた。

（金谷治責任編集『諸子百家』〈世界の名著10〉より）

名句索引

ナ　行

ハ　行

マ　行

ヤ　行

ラ　行

ワ　行

サ　行

タ　行

人名・事項索引

この索引は人名・地名などを主とし、これに
特殊な事項と思想用語とを加えて構成した。

ア　行

カ　行

中公
クラシックス
E16

墨《ぼく》　子《し》

2018年2月25日発行

訳　者　金谷　治

発行者　大橋善光

印　刷　凸版印刷
製　本　凸版印刷
DTP　平面惑星

発行所　中央公論新社
〒100-8152
東京都千代田区大手町 1-7-1
電話　販売 03-5299-1730
　　　編集 03-5299-1840
URL http://www.chuko.co.jp/

Published by CHUOKORON-SHINSHA, INC.
Printed in Japan　ISBN978-4-12-160179-7　C1210

訳者紹介

金谷治（かなや・おさむ）
1920年（大正9年）三重県生まれ。東北帝国大学法文学部卒業。東北大学名誉教授。文学博士。2006年5月逝去。訳注書に『論語』『孫子』『荘子』『韓非子』『老子』など、著書に『中国思想を考える』『金谷治中国思想論集』（全3巻）などがある。

■「終焉」からの始まり
――『中公クラシックス』刊行にあたって

二十一世紀は、いくつかのめざましい「終焉」とともに始まった。工業化が国家の最大の標語であった時代が終わり、イデオロギーの対立が人びとの考えかたを枠づけていた世紀が去った。歴史の「進歩」を謳歌し、「近代」を人類史のなかで特権的な地位に置いてきた思想風潮が、過去のものとなった。

人びとの思考は百年の呪縛から解放されたが、そのあとに得たものは必ずしも自由ではなかった。固定観念の崩壊のあとには価値観の動揺が広がり、ものごとの意味を考えようとする気力に衰えがめだつ。おりから社会は爆発的な情報の氾濫に洗われ、人びとは視野を拡散させ、その日暮らしの狂騒に追われている。株価から醜聞の報道まで、刺戟的だが移ろいやすい「情報」に埋没している。応接に疲れた現代人はそれらを脈絡づけ、体系化をめざす「知識」の作業を怠りがちになろうとしている。

だが皮肉なことに、ものごとの意味づけと新しい価値観の構築が、今ほど強く人類に迫られている時代も稀だといえる。自由と平等の関係、愛と家族の姿、教育や職業の理想、科学技術のひき起こす倫理の問題など、文明の森羅万象が歴史的な考えなおしを要求している。今をどう生きるかを知るために、あらためて問題を脈絡づけ、思考の透視図を手づくりにすることが焦眉の急なのである。

ふり返ればすべての古典は混迷の時代に、それぞれの時代の価値観の考えなおしとして創造された。それは現代人に思索の模範を授けるだけでなく、かつて同様の混迷に苦しみ、それに耐えた強靭な心の先例として勇気を与えるだろう。そして幸い進歩思想の傲慢さを捨てた現代人は、すべての古典に寛く開かれた感受性を用意しているはずなのである。

（二〇〇一年四月）

中公クラシックス既刊より

論語 I II

貝塚茂樹訳
解説・弛和順

孔子とその弟子たちの言行録『論語』は、孔子の思想を伝える最も基本的な文献である。簡潔な表現には、現実社会における人間はいかに生きるべきかという叡智が込められている。

荘子 I II

荘子
森三樹三郎訳
解説・池田知久

自己の内面に向って沈潜しつつ思索する重さ。自己の外面に向って飛翔しつつ人間の自由と独立を獲得してゆく軽さ。重厚と軽妙が見事に交錯する、古代中国の最も魅力に富む思想。

孫子

町田三郎訳
解説・湯浅邦弘

「武」という字は「戈を止める」と書く。兵法の書でありながら戦略にとどまらず、人事万般にわたる智慧を収める。人生の深奥に触れるさまざまの教訓をちりばめる。

伝習録

王陽明
溝口雄三訳・解説

吉田松陰、西郷隆盛、三島由紀夫も影響を受けたという陽明学。だが日本の陽明学と中国の陽明学は異なる。では創始者王陽明の陽明学とはどういうものであったか。その精髄を収める。

中公クラシックス既刊より

三教指帰ほか
空海
福永光司訳
解説・松長有慶
四六駢儷文を駆使し、儒・道・仏の三教の優劣を戯曲構成で論じた若き空海の出家宣言。現代語訳と原漢文のあとに詳細な注釈を付して、入唐前の空海の思想遍歴と豊かな学殖を探る。

大西郷遺訓
西郷隆盛
林房雄訳
解説・原口泉
著作を残さなかった西郷の肉声を収録した唯一の作品『南洲翁遺訓』が、作家 林房雄の名訳と解読で甦る。珠玉の名言は混迷する世を打開する切り札となる⁉

仏教の大意
鈴木大拙
解説・山折哲雄
昭和天皇皇后両陛下のための講演を基に大智と大悲という二つのテーマでわかりやすく構成される本書は、『日本的霊性』と並ぶ大拙自身の言葉で語る仏教の核心に迫る主著。

禅仏教入門
鈴木大拙
増原良彦訳
解説・ひろさちや
禅とは何か？　禅は虚無的か？　禅を世界に知らしめた、英文でかかれた画期的作品を学生だったひろさちやが邦訳。半世紀を経て校訂し、新たな解説をつけて甦る。